T'es branché?

1

Assessment Manual

EMC
Publishing

ST. PAUL

Editorial Director: Alex Vargas
Editor: Diana Moen
Associate Editor: Patricia Teefy
Assistant Editor: Kristina Merrick
Production Editor: Sarah Kearin

Cover Design: Leslie Anderson
Design and Production Specialist: Sara Schmidt Boldon
Illustrations: Victory Productions
Proofreader: Jamie Gleich Bryant

Care has been taken to verify the accuracy of information presented in this book. However, the authors, editors, and publisher cannot accept responsibility for Web, e-mail, newsgroup, or chat room subject matter or content, or for consequences from application of the information in this book, and make no warranty, expressed or implied, with respect to its content.

Photo Credits: Andresr/ Shutterstock: 308, 310 (jeunes)
Chai, Toh Eng/ 123rf.com: 207 (coca)
Chavier, Luís Fernando C/ iStockphoto: 262 (Sacré Coeur)
CREATISTA/ Shutterstock: 233 (pommes de terre)
Fotovoyager.com/ iStockphoto: 262 (Tour Eiffel)
Gall, Drew: 233 (Roquefort)
Gillow, Mark/ iStockphoto: 233 (camembert, chèvre)
Güngüt, ümit Emre/ Dreamstime: 233 (pommes)
karandaev/ Shutterstock: 207 (sandwich)
Kupicoo Images/ iStockphoto: 247 (femme)
Meanos: 233 (beurre)
Naphtalina/ iStockphoto: 262 (Arc de Triomphe)
PASQ/ Fotolia.com: 207 (galette des rois)
Pawlowska, Edyta/ Fotolia.com: 290 (Chenonceau)
Viatour, Luc/ www.Lucnix.be: 233 (pain au chocolat)

We have made every effort to trace the ownership of all copyrighted material and to secure permission from copyright holders. In the event of any question arising as to the use of any material, we will be pleased to make the necessary corrections in future printings. Thanks are due to the aforementioned authors, publishers, and agents for permission to use the materials indicated.

ISBN 978-0-82196-490-3

© EMC Publishing, LLC
875 Montreal Way
St. Paul, MN 55102
Email: educate@emcp.com
Website: www.emcschool.com

Printed in the United States of America

21 20 19 18 17 16 15 14 13 12   1 2 3 4 5 6 7 8 9 10

Introduction

The *T'es branché?* Level 1 Assessment Manual contains three components:

1. Lesson Quizzes
2. Unit Tests
3. Proficiency Tests

The unique *T'es branché?* Assessment program allows instructors to tailor assessments to meet the diverse learning styles and needs of their students. Designed according to the ACTFL Proficiency Standards, this innovative and flexible program offers the choice to use all of the assessments provided, or to personalize each test and quiz. Teachers are given the option to select only the quizzes, tests, sections, and individual questions that best evaluate proficiency of the selected structures, vocabulary, culture, and communicative functions that students have learned.

The pedagogical emphasis of the *T'es branché?* Assessment program is on constructing tailor-made lesson and unit assessments that will provide students with a meaningful and successful testing experience.

Lesson Quizzes

The Lesson Quizzes are made up of four sections:

1. Vocabulary
2. Structure
3. Culture
4. Communication

*Note: All Unit 1 Quizzes do not contain a Structure section.

Vocabulary
The Vocabulary section consists of exercises that assess student mastery of the new words and expressions presented at the beginning of each lesson and practiced in the **Activités**. In this section, students may identify illustrations, match expressions with their meanings, say whether or not a sentence is logical, complete a sentence, continue a dialogue, or respond to a question.

Structure
The Structure section is made up of exercises that assess the grammar topics presented in a given unit. In this section, students complete or rewrite sentences, answer questions, match items based on proper grammatical construction, and supply answers using visual cues.

Culture
The Culture section requires students to complete multiple choice, completion, matching, or true/false questions to assess what they learned about Francophone culture from the lesson.

Communication
The Communication section contains scenarios that require students to respond orally, allowing you to assess their speaking proficiency. Each exercise provides space for students to write down notes and gather their thoughts before delivering their responses.

Unit Tests

The Unit Tests include the following eight sections:

1. Vocabulary
2. Structure
3. Proficiency Writing
4. Speaking Prep
5. Speaking
6. Listening Comprehension
7. Reading
8. Culture

*Note: Unit 1 does not contain a Structure section.

Vocabulary

The Vocabulary section of the Unit Tests is a more comprehensive version of the Vocabulary section in the Lesson Quizzes. You are encouraged to use the entire Vocabulary section in each Unit Test to adequately assess student mastery of the new words and expressions presented visually at the beginning of each lesson and practiced in the **Activités**.

Structure

The Structure section of the Unit Tests is similar to the Structure section in the Lesson Quizzes. This section consists of exercises that assess each grammatical topic presented in a given unit, and you are encouraged to use the entire Structure section to assess students' mastery of all grammatical topics from that unit. The emphasis in this section is not on assessing writing skills (which is covered in the Proficiency Writing section), but it can be used to test basic writing ability.

Proficiency Writing

The Proficiency Writing section of the Unit Tests contains two exercises that can be used to assess how well students have mastered the communicative functions covered in the unit. In this section, students may write a note, letter, postcard, or journal entry, prepare a list, or create a paragraph describing an illustration. You are encouraged to evaluate student responses using the Rubric for Written Production (included at the end of this introduction).

Speaking Prep

The Speaking Prep section of the Unit Tests consists of one written exercise that integrates the functions, vocabulary, and/or structures that students will be expected to use in the Speaking section of the test.

Speaking

In this section of the Unit Tests, students demonstrate their speaking skills in a one-on-one interview with you (Part A) or in a dialogue with one or more partners (Part B). Depending on what type of speaking opportunities students have had in class, you may choose to use one or both of these speaking assessment formats. If you choose to use Part A, you can find suggested questions to ask your students in the Answer Key at the back of the book. You are encouraged to evaluate student responses using the Rubric for Oral Production (included at the end of this introduction).

Listening Comprehension

The Listening Comprehension section of the Unit Tests contains exercises in which students listen to an audio recording and answer questions based on what they heard. This section gives students the opportunity to listen to authentic French dialogues or narratives, and allows you to evaluate their listening comprehension skills. Types of assessments in this section include answering multiple choice questions about a reading, identifying the speaker, activity, or situation from a visual cue, and choosing the best way to complete a sentence. The corresponding audio files can be found on both the *T'es branché?* Level 1 Teacher Resources DVD and the Internet Resource Center.

Reading

The Reading section of the Unit Tests contains a section of text or a piece of realia for students to read, followed by exercises that test their understanding of what they have read. Each reading in a specific unit reflects the reading strategies presented in the corresponding unit of the textbook. The types of readings range from advertisements and invitations to short dialogues to longer excerpts from stories.

Culture

In this section of the Unit Tests, students demonstrate their understanding of Francophone cultures by completing multiple exercises. These activities may involve viewing an image or map and answering questions about it, determining whether statements about a particular culture are true or false, or matching different items based on their cultural associations.

Proficiency Tests

The Proficiency Tests, which are comprehensive assessments that can be used as mid-semester and final exams, are made up of five sections:

1. Speaking
2. Writing
3. Listening Comprehension
4. Culture
5. Reading

Speaking

This section contains two scenarios from which students should choose one to role-play with a partner. You are encouraged to evaluate student responses using the Rubric for Oral Production (included at the end of this introduction).

Writing

This section contains two topics from which students should choose one to discuss in a paragraph in French. You are encouraged to evaluate student responses using the Rubric for Written Production (included at the end of this introduction).

Listening Comprehension

This section contains two exercises in which students listen to an audio recording and answer questions based on what they heard. The questions in this section contain illustrations to help students visually conceptualize what they have heard.

Culture

In this section, students demonstrate their understanding of Francophone cultures by completing two different writing exercises that require them to analyze what they have learned. Students should complete this section in English.

Reading

In this section, students read a piece of realia and answer short answer and essay questions that pertain to it. The short answer questions require students to pull factual information directly from the readings, while the essay requires them to analyze the information in relation to their own lives.

Answer Key

Answers for every quiz and test can be found in the Answer Key section at the back of the book. The Answer Key also contains questions you may choose to use for the teacher-directed interviews in the Speaking section of the Unit Tests and the scripts of the audio recordings in the Listening Comprehension section of the Unit Tests and Proficiency Tests.

ExamView® Assessment Suite

Also available from EMC is assessment on the ExamView® Assessment Suite software for slower-paced, at-standard, and advanced students. Teachers can tailor any of these prescribed tests to reflect the areas they emphasized in a particular unit, coming up with a test that meets the needs of their students.

Proficiency Writing Rubric

You may want to use the following rubric to assess your students' written production.

		Rubric for Written Production		
	Content	**Vocabulary**	**Message**	**Structure**
5	Rich and interesting	Varied, sophisticated, idiomatic	No errors, accurate	Frequent use of complex structures
4	Very good	Appropriate but predictable	Few errors	Some complex sentences
3	Adequate	Adequate	Occasional errors, comprehensible	Few complex sentences
2	Weak	Weak	Seldom clear, hindered by pattern of errors	Few or no complex sentences
1	Misleading	Inapplicable	Poor, not comprehensible	Poor sentence construction
0	Little or none	Little or none	Missing or very little	Little sentence structure

Speaking Rubric

You may want to use the following rubric to assess your students' oral production.

	Rubric for Oral Production
5	Message accurately communicated. Good vocabulary control. Able to circumlocute when necessary. Structure correct in areas studied. No major patterns of weakness.
4	Message almost entirely understood. Relevant use of vocabulary. Structure generally accurate with a few minor errors. Missing some words. May have to repeat some ideas to clarify.
3	Generally comprehensible. Gropes for vocabulary at times. Problems with all but basic structures. Message carried primarily by vocabulary.
2	Miscommunicates frequently. Depends upon listener for clarification. Communicates some ideas, but with difficulty.
1	Barely communicates. Depends upon listener for clarification. Most sentences are fractured and constructed of words rather than of structures.
0	No speech. No effort.

CONTENTS

Lesson Quizzes

Unit Tests

Proficiency Tests

Answer Key

Unité 1

Leçon A Quiz

Vocabulary

 A Select the person to whom the sentence refers. *(9 points)*

A.  B.

_____ 1. Dominique est canadienne.

_____ 2. C'est mon copain. Il est algérien.

_____ 3. C'est mon camarade de classe.

_____ 4. Alex est française.

_____ 5. Bonjour, mademoiselle.

_____ 6. C'est ma copine. Elle est américaine.

_____ 7. Bonjour, monsieur.

_____ 8. Il est américain.

_____ 9. Je te présente ma copine Marthe.

B How would you greet the following person? Write an appropriate greeting. *(8 points)*

1. your French teacher

_____

2. your Canadian friend Lucie

_____

3. a person who calls your house on the phone

_____

4. your friend's mother who just answered your phone call

_____

C Select the image that goes with the conversation. *(6 points)*

_____ 1. —Je vous présente Mademoiselle Leguénec.
—Bonjour, Monsieur N'Guyen.
—Bonjour, Mademoiselle Leguénec. Enchanté.

A.    B.    C.

_____ 2. —Salut, Stéphanie. Je te présente Dominique.
—C'est ta camarade de classe?
—Non, c'est ma copine.
—Ah! Salut, Dominique!
—Salut, Stéphanie!

A.   B.   C.

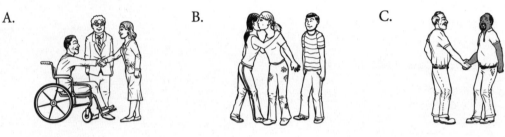

D Give the person's nationality based on the city he/she is from. Write a complete sentence. *(8 points)*

1. Lola: Dallas

_____

2. Patrick: Québec

_____

3. Amadou: Paris

_____

4. Madame Benamou: Alger

_____

Culture

A Indicate whether the statement is true or false. *(5 points)*

_____ 1. **Allô** is an appropriate greeting when answering the phone.

_____ 2. 50% of people speak French in Quebec.

_____ 3. Acadians were forced to leave Canada in the 16th century.

_____ 4. In formal situations, French people kiss on the cheeks to greet one another.

_____ 5. The term **monsieur** refers to a man.

B Match each of the following terms with its appropriate description. One item will NOT have a match. *(5 points)*

    A. Fais do do!
    B. Zydeco
    C. Vieux Carré
    D. Jambalaya
    E. Mardi Gras

_____ 1. a spicy meat or seafood rice dish

_____ 2. a celebration

_____ 3. a dancing party

_____ 4. a type of music popular in Louisiana

Communication

A Luc is calling his friend Nathalie at home and her mother, Madame Petit, answers the phone. First, complete the phone conversation in a logical manner. Then, practice the finished dialogue with a partner. *(4 points)*

-Allô, oui?

-_____! _____.

-Bonjour, Luc.

-_____?

-Oui. Nathalie, Nathalie! _____.

B It is the first day of class, and Marjorie is introducing a new American classmate, Ethan, to Monsieur Hautmont, one of her teachers, and to her friend Isabelle. If you need to, write down the coversation before you present it orally. *(6 points)*

_____

_____

_____

_____

_____

_____

_____

_____

_____

_____

_____

Unité 1

Leçon B Quiz

Vocabulary

A Select the expression that does NOT belong with the others. *(6 points)*

_____ 1. A. Pas très bien.
   B. Ça va mal.
   C. C'est ça.
   D. Comme ci, comme ça.

_____ 2. A. Comment allez-vous?
   B. Ça va?
   C. Ça va bien?
   D. À bientôt?

_____ 3. A. Au revoir.
   B. Salut!
   C. Bonjour.
   D. À demain.

B Select the appropriate response to the question or statement. There may be more than one answer. *(10 points)*

_____ 1. Comment allez-vous?
   A. Pas très bien.   B. Ça va mal.   C. C'est ça.

_____ 2. Au revoir!
   A. Salut!   B. Eh bien....   C. Très bien.

_____ 3. Salut!
   A. Salut!   B. Comme ci, comme ça.   C. À bientôt!

_____ 4. À bientôt!
   A. Salut!   B. Au revoir!   C. Comme ci, comme ça.

_____ 5. Ça va?
   A. Pas mal.   B. Pas très bien. Et toi?   C. À demain.

Based on how Sylvia's day is going, how would she respond to the question **Ça va?** *(6 points)*

1. _____

2. _____

3. _____

D Select the correct expression to say good-bye. *(8 points)*

_____ 1. You will see your friend Julie again soon but you're not sure when.
   A. À bientôt!   B. Ça va bien.   C. À demain.

_____ 2. A friend from school is leaving for France for the summer.
   A. À demain!   B. Pas mal.   C. Salut!

_____ 3. You've made plans to study with a classmate tomorrow after school.
   A. À demain!   B. Bonjour.   C. À bientôt!

_____ 4. It's the end of the school year and your teacher is going to be moving to a new city.
   A. Au revoir.   B. Salut!   C. À demain!

Culture

A Find the logical match for each of the following items. One item will NOT have a match. *(5 points)*

    A. Ciao!

    B. les cartables

    C. la rentrée

    D. Romansch

    E. Andorra

    F. Flemish

_____ 1. a greeting

_____ 2. Switzerland

_____ 3. a French-speaking principality

_____ 4. an important day in the school year

_____ 5. Belgium

B Select the correct answer to the riddle. *(5 points)*

_____ 1. I am the only official language of Monaco.

    A. Flemish   B. French   C. Luxembourgish

_____ 2. I am a principality where both French and Spanish are spoken.

    A. Luxembourg   B. Andorra   C. Monaco

_____ 3. I am a country with four official languages.

    A. France   B. Switzerland   C. Belgium

_____ 4. I am the country where you will find the seat of the European Parliament.

    A. France   B. Belgium   C. Luxembourg

_____ 5. If you visit me, you may hear local residents speaking Italian in addition to French.

    A. Switzerland   B. Monaco   C. Andorra

Communication

A Three French-speaking students are meeting at a café to study together. One is having a great day, another one a so-so day, and the third one a pretty bad day. If you need to, write down their conversation before you present it orally. *(6 points)*

_____

_____

_____

_____

_____

_____

_____

_____

_____

_____

B Joachim is your new Canadian e-pal. Write him an introductory e-mail and then present it orally. Say hello, introduce yourself, tell Joachim how you are doing, ask how he is doing, and then say good-bye. *(4 points)*

_____

_____

_____

_____

_____

_____

_____

_____

Unité 1

Leçon C Quiz

Vocabulary

 A Based on what Koffi is doing, indicate where he most likely is. *(3 points)*

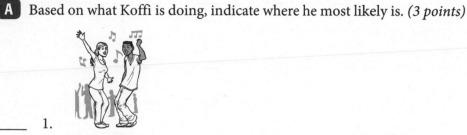

_____ 1.

    A. à la fête de sa copine   B. au centre commercial   C. au café

_____ 2.

    A. au centre commercial   B. à la maison   C. à une teuf

_____ 3.

    A. au centre commercial   B. à la maison   C. au café

B Indicate whether the sentence is logical or not. *(14 points)*

_____ 1. Faire les devoirs au cinéma? Non, je ne peux pas!

_____ 2. J'aide mon père à la maison.

_____ 3. On a un contrôle à la teuf.

_____ 4. Le ciné, il est au café.

_____ 5. Aller au café? Oui, je veux bien.

_____ 6. Je dois faire les devoirs au centre commercial.

_____ 7. On va au café. Tu voudrais venir?

Create a logical sentence by putting the fragments below in the correct order. *(15 points)*

1. tu / à la fête / aller / voudrais / ?

   _____

2. dois / ma / mère / aider / maison / à la / je

   _____

3. centre / bien / je / aller / au / veux / commercial

   _____

4. père / ton / strict / est / !

   _____

5. va / café / on / demain / au / ?

   _____

Culture

A Indicate whether the statement is true or false. *(5 points)*

_____ 1. Aimé Césaire was a poet from Martinique.

_____ 2. **La Guadeloupe** is in the Pacific Ocean.

_____ 3. **La Guyane** is located in South America.

_____ 4. **La Négritude** is an overseas department of France.

_____ 5. **La Martinique** is an island in the Caribbean.

B Select the correct completion to the sentence. *(4 points)*

_____ 1. Jean Métellus and Léon Gontran-Damas are _____.
   A. renowned writers
   B. proponents of ecotourism
   C. the founders of **la Négritude**

_____ 2. The goal of **la Négritude** was to _____.
   A. reject French cultural assimilation
   B. promote Africa and its cultures
   C. Both A and B are correct.

_____ 3. Europe's satellites are launched from _____.
   A. Martinique
   B. Guadeloupe
   C. French Guiana

_____ 4. Martinique and _____ are French-speaking islands.
   A. French Guiana
   B. Guadeloupe
   C. Both A and B are correct.

Communication

 A A friend is extending you the following invitation. Based on the visual cue, accept or refuse the invitation, using an expression from the lesson and answering with a complete sentence. If you need to, you may write out your response before presenting it orally. *(6 points)*

1.

Salut! Je vais au centre commercial demain. Tu voudrais venir?

_____

_____

2.

On va au cinéma demain. Tu veux venir?

_____

_____

3.

On va à la fête de Catherine. Tu voudrais venir?

_____

_____

B You'd like to get to know the new French exchange student at your school. Write him/her a note to introduce yourself and invite him/her to do something with you. Then, present your note orally. *(3 points)*

_____

_____

_____

_____

_____

Unité 2

Leçon A Quiz

Vocabulary

A Select the best caption for the image. *(4 points)*

_____ 1.

    A. Il fait mauvais.   B. C'est mardi.   C. J'aime la salade.

_____ 2.

    A. Sonya aime faire du footing.   B. Sonya aime sortir avec des amis.   C. C'est dimanche et il fait beau.

_____ 3.

    A. Tu manges des frites?   B. J'aime le patinage artistique.   C. J'aime plonger!

_____ 4.

    A. J'aime la gym.   B. J'aime le ski alpin.   C. J'aime faire du vélo.

B Add the missing day of the week to complete the sequence. *(3 points)*

1. lundi, mardi, _____, jeudi

2. dimanche, _____, vendredi, jeudi

3. lundi, mercredi, _____, dimanche

C Indicate the item that does not fit in the given category. *(3 points)*

_____ 1. les Jeux Olympiques d'été
   A. nager
   B. plonger
   C. faire du ski alpin

_____ 2. les Jeux Olympiques d'hiver
   A. faire du roller
   B. jouer au hockey sur glace
   C. faire du patinage artistique

_____ 3. les jours de la semaine
   A. dimanche
   B. mardi
   C. plonger

D Complete the sentence based on your likes and dislikes. *(6 points)*

1. J'aime _____. Je n'aime pas

   _____. *(sports)*

2. J'aime _____. Je n'aime pas

   _____. *(activities you can do in town)*

3. J'aime _____. Je n'aime pas

   _____. *(food)*

Structure

A Select the correct subject pronoun to complete the sentence. *(5 points)*

_____ 1. Madame Martel, _____ aimez les Jeux Olympiques?

    A. tu   B. vous   C. elle

_____ 2. _____ mange au café samedi?

    A. Tu   B. On   C. Ils

_____ 3. _____ aidons ma mère à la maison.

    A. Nous   B. Elle   C. On

_____ 4. _____ joues au basket, Nathalie?

    A. Tu   B. Je   C. Vous

_____ 5. _____ mangent des frites.

    A. Elles   B. Tu   C. Je

B Select the infinitive that can logically be associated with the item. There may be more than one response. *(3 points)*

_____ 1. la salade

    A. aimer   B. manger   C. jouer

_____ 2. le cinéma

    A. manger   B. aller   C. plonger

_____ 3. le foot

    A. aimer   B. nager   C. jouer

C Complete the sentence with the correct present tense form of the verb in parentheses. *(7 points)*

1. Toi, Chloé, tu _____ bien! *(plonger)*

2. Caroline, on _____ au foot? *(jouer)*

3. Mon copain _____ le hockey sur glace. *(aimer)*

4. Sophie et Samira _____ des hamburgers et des frites. *(manger)*

5. Il fait beau! Vous _____ samedi? *(nager)*

6. Nous n' _____ pas le roller. *(aimer)*

7. Dimanche, je vous _____ mes camarades de classe. *(présenter)*

D Indicate the correct subject pronoun to complete each sentence. *(5 points)*

        A. Je/J'...
        B. Ils...
        C. Tu...
        D. Nous...
        E. Vous...

_____ 1. ... aime faire du shopping.

_____ 2. ... joues au basket samedi.

_____ 3. ... mangez de la pizza?

_____ 4. ... plongent.

_____ 5. ... aimons faire du roller.

Culture

A Indicate whether the statement is true or false. *(9 points)*

_____ 1. During **Pari Roller**, fifteen thousand people skate through the streets of Paris.

_____ 2. The modern Olympic Games date back to 1692.

_____ 3. **Plus vite, plus haut, plus fort** is the official motto of the Olympic Games.

_____ 4. During the **Tour de France**, the champion wears **le maillot jaune**.

_____ 5. The city of Paris is divided into 20 **arrondissements**.

_____ 6. **La Grande Arche de la Défense, la tour Eiffel**, and **le Centre Pompidou** are famous tourist attractions in Paris.

_____ 7. The **Tour de France** lasts one week and covers about 1,000 miles.

_____ 8. There are ten professional hockey teams in Canada.

_____ 9. After ice-hockey became an Olympic sport, the Canadians won six out of the seven first gold medals.

Communication

A Answer the question in a complete sentence mentioning at least two things. If you need to, write your answers before presenting them orally. *(2 points)*

1. Qu'est-ce que tu aimes faire?

   _____

   _____

2. Qu'est-ce que tu n'aimes pas faire?

   _____

   _____

B You just met Lucas, a French-speaking student from Quebec, and you would like to invite him to do three different activities with you this Saturday. Find out what he likes to do, making sure to say hello, to ask how he is, and to say goodbye at the end. If you need to, write your invitation before presenting it orally. *(3 points)*

_____

_____

_____

_____

_____

_____

_____

_____

_____

_____

Unité 2

Leçon B Quiz

Vocabulary

A What does this person probably like to do? Select the best answer. *(14 points)*

_____ 1. Ludmilla enjoys communicating with her friends and writing.
    A. Elle aime envoyer des textos.
    B. Elle aime lire.
    C. Elle aime bien faire la cuisine.

_____ 2. Ahmed loves to create new dishes.
    A. Il aime regarder la télé.
    B. Il aime dormir.
    C. Il aime beaucoup faire la cuisine.

_____ 3. I enjoy classical music.
    A. J'aime un peu téléphoner.
    B. J'aime bien jouer aux jeux vidéo.
    C. J'aime écouter de la musique avec mon lecteur MP3.

_____ 4. Madame Lionnet can spend hours on the phone with her family.
    A. Elle aime beaucoup téléphoner.
    B. Elle aime lire.
    C. Elle aime regarder la télé.

_____ 5. Mr. and Mrs. N'Guyen enjoy watching movies.
    A. Ils aiment regarder la télé.
    B. Ils aiment bien étudier.
    C. Ils aiment beaucoup faire la cuisine.

_____ 6. Koffi is a very serious student.
    A. Il aime jouer aux jeux vidéo.
    B. Il aime beaucoup étudier.
    C. Il aime bien dormir.

_____ 7. Anne enjoys doing research and discovering new things.
    A. Elle aime dormir.
    B. Elle aime surfer sur Internet.
    C. Elle aime bien envoyer des textos.

B Read the following schedule, then answer the questions. *(3 points)*

lundi	mardi	mercredi	jeudi	vendredi	samedi	dimanche
	1 lire V. Hugo	2 footing	3 cinéma	4 lire Shakespeare	5 foot	6 lire "Le Monde"
7	8 basket	9 lire (magazines)	10 lire	11 sortir avec Paul et Aminata	12 lire Tintin	13 faire la cuisine: hamburgers
14	15 shopping	16 lire "Le Monde"	17 étudier	18 lire Calvin et Hobbes	19 hockey	20 faire la cuisine: salade
21	22 lire Tolkien	23 foot	24 lire Prévert	25	26 lire Poe	27 faire la cuisine: pizza
28	29	30 basket				

_____ 1. Based on his schedule, how much would you say Gilles likes to play sports?

    A. un peu   B. bien   C. beaucoup

_____ 2. Based on his schedule, how much would you say Gilles likes to cook?

    A. un peu   B. bien   C. beaucoup

_____ 3. Based on his schedule, how much would you say Gilles likes to read?

    A. un peu   B. bien   C. beaucoup

C Complete the sentence below with an appropriate activity one can do at home according to your own likes and dislikes. *(3 points)*

1. J'aime un peu _____.

2. J'aime beaucoup _____.

3. J'aime bien _____.

Structure

A Indicate where you would put the following adverb in the sentence. *(6 points)*

_____ 1. beaucoup
   A. Nous _____ aimons téléphoner.
   B. _____ nous aimons téléphoner.
   C. Nous aimons _____ téléphoner.

_____ 2. bien
   A. Patrice aime _____ surfer sur Internet.
   B. Patrice aime surfer _____ sur Internet.
   C. Patrice aime surfer sur Internet _____.

_____ 3. un peu
   A. À la maison _____, j'aide mon père.
   B. _____ à la maison, j'aide mon père.
   C. À la maison, j'aide _____ mon père.

B How much does each person like to do this activity? Rewrite the sentence, adding the adverb in parentheses in the appropriate position. *(6 points)*

1. Moi, j'aime écouter de la musique avec mon lecteur MP3. (*beaucoup*)

   _____

2. Sabine joue aux jeux vidéo. (*bien*)

   _____

3. À la maison, mon père aime faire la cuisine. (*un peu*)

   _____

Culture

A Indicate the logical associations. One of the items will NOT have a match.
(*8 points*)

A. mancala
B. **Place Bellecour**
C. Rhône
D. Infogrammes Entertainment
E. Gnafron
F. December 8
G. **Vieux Lyon**
H. "Mission Impossible"
I. Guignol

_____ 1. famous square in Lyon

_____ 2. Gothic and Renaissance houses

_____ 3. river

_____ 4. main puppet character associated with Lyon

_____ 5. game

_____ 6. festival of lights

_____ 7. Guignol's friend

_____ 8. high tech company

Communication

A In your opinion, what does this person like to do? Answer the question in a complete sentence mentioning at least two things. If you need to, write your opinions before presenting them orally. *(6 points)*

1. Qu'est-ce que le prof aime bien faire à la maison?

_____

_____

2. Qu'est-ce que les camarades de classe n'aiment pas faire à la maison?

_____

_____

3. Qu'est-ce que les camarades de classe aiment beaucoup faire à la maison?

_____

_____

B Give a short description of your best friend. Give his/her name and describe his/her activities at home. Mention three activities he/she likes, ranking them using **un peu**, **bien**, and **beaucoup**. Then, mention one activity he/she does not like to do. If you need to, write your description before presenting it orally. *(4 points)*

Mon copain / Ma copine....

_____

_____

_____

_____

_____

_____

_____

_____

_____

_____

_____

_____

Unité 2

Leçon C Quiz

Vocabulary

A Indicate the number shown on the illustration. *(4 points)*

_____ 1.

     A. huit   B. trois   C. dix

_____ 2.

     A. sept   B. dix   C. quatre

_____ 3.

     A. deux   B. neuf   C. cinq

_____ 4.

     A. sept   B. un   C. cinq

B Write out the missing number to complete the math problem. *(3 points)*

1. un + quinze = _____

2. vingt – sept = _____

3. trois × six = _____

C Complete the exchange between Nadine and Latifah using one of the expressions in the box. *(4 points)*

je préfère	moi aussi	tu préfères	pas moi

1. —Moi, j'aime beaucoup la musique alternative.

   —_____, j'aime beaucoup la musique alternative!

2. —Tu aimes le hip-hop?

   —Non, je n'aime pas le hip-hop; _____ le rock.

3. —J'aime beaucoup le shopping. Et toi?

   —_____. Je n'aime pas le shopping!

4. —Nadine, _____ le foot ou le roller?

   —Le foot! Je n'aime pas le roller.

Structure

A Select the noun that does NOT have the same gender as the others. *(3 points)*

____ 1. A. shopping   B. cinéma   C. pizza

____ 2. A. musique alternative   B. hip-hop   C. rock

____ 3. A. fête   B. weekend   C. chanson

B Complete the sentence with the correct definite article. *(3 points)*

1. Je n'aime pas beaucoup _____ footing.

2. Les filles, vous préférez faire _____ salade ou la pizza?

3. Je dois lire _____ enquête.

C Juliette never agrees with her brother Julien. Rewrite the first part of the sentence in the negative. *(2 points)*

1. JULIEN: J'aime bien le cinéma.
   JULIETTE: Pas moi. _____ le cinéma.

2. JULIEN: Moi, je peux bien plonger!
   JULIETTE: Pas moi. _____ bien plonger!

D Select the correct form of **préférer** to complete the sentence. *(6 points)*

____ 1. Nous _____ les concerts de musique alternative.
   A. préférons   B. préfère   C. préfèrent

____ 2. Au café, on _____ les hamburgers.
   A. préfèrent   B. préfère   C. préfères

____ 3. Juliette et Khaled _____ la gym ou le ski?
   A. préfèrent   B. préfères   C. préférez

____ 4. Et vous, Madame Girond, vous _____ faire la cuisine à la maison ou sortir?
   A. préfère   B. préfères   C. préférez

____ 5. Noah, tu _____ les frites ou les pâtes?
   A. préfère   B. préfères   C. préférons

____ 6. Moi, je _____ faire du vélo.
   A. préfère   B. préfères   C. préfèrent

1.

J'aime beaucoup _____ de Corneille.

2.

Tu préfères _____ ou la gym?

3.

Ma mère aime bien regarder _____.

4.

Je ne vois pas _____.

5.

Tu préfères surfer sur _____ ou envoyer des textos?

Culture

A Select the correct sentence completion from the choices below. *(10 points)*

____ 1. To indicate the number "1" when counting on one's fingers, the French use their ____.
   A. index finger   B. pinky   C. thumb

____ 2. Rachid Taha was born in ____.
   A. Asia   B. South America   C. Algeria

____ 3. **Carte de séjour** is a band associated with ____.
   A. World Music   B. hip hop   C. rock

____ 4. Rachid Taha often sings about ____.
   A. tolerance   B. inclusion   C. A and B

____ 5. Corneille Nyungura sings in ____.
   A. French and English   B. French only   C. Arabic

____ 6. Corneille Nyungura has lived in ____.
   A. Canada   B. Rwanda   C. A and B

____ 7. The kora is an instrument often used by ____ musicians.
   A. jazz   B. rock   C. A and B

____ 8. **La fête de la musique** takes place every year on ____.
   A. July 21   B. June 21   C. August 21

____ 9. Today, **la fête de la musique** is celebrated in over ____ countries.
   A. 50   B. 75   C. 100

____ 10. During **la fête de la musique** one can hear ____ play their music for free in the streets.
   A. amateurs   B. professionals   C. A and B

Communication

A You want to invite Ludivine, a new friend, to do something with you this coming weekend. Find out about her preference when it comes to the category below. You should ask her to choose between two items that fit the category, using a complete question. If you need to, write down your questions before presenting them orally. *(6 points)*

1. les passe-temps

_____

_____

_____

2. les sports

_____

_____

_____

3. la musique

_____

_____

_____

B You are discussing favorite activities with a French friend. How would you respond to his statement? If you need to, write down your responses before presenting them orally. *(4 points)*

1. Je préfère sortir avec des amis. Et toi?

_____

_____

2. J'adore le patinage artistique. Et toi?

_____

_____

Unité 3

Leçon A Quiz

Vocabulary

A Select the correct word to complete the sentence based on the illustration. *(6 points)*

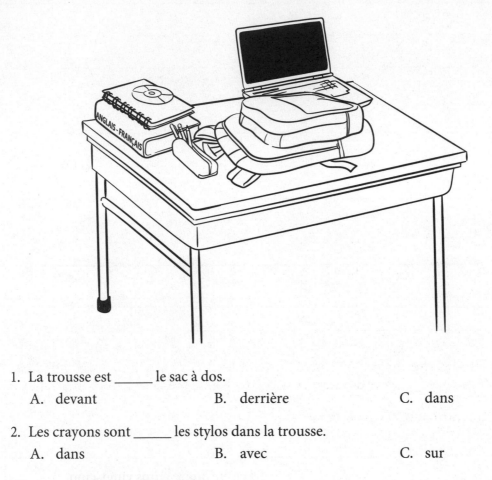

_____ 1. La trousse est _____ le sac à dos.

      A. devant   B. derrière   C. dans

_____ 2. Les crayons sont _____ les stylos dans la trousse.

      A. dans   B. avec   C. sur

_____ 3. _____ est derrière le sac à dos.

      A. L'ordinateur portable   B. Le taille-crayon   C. Le cahier

_____ 4. Il y a un CD _____ le cahier.

      A. devant   B. sur   C. sous

_____ 5. Le dictionnaire est _____ le cahier.

      A. sous   B. sur   C. devant

_____ 6. Il n'y a pas de _____ sur la table.

      A. cédérom   B. trousse   C. taille-crayon

B Indicate the correct price for each item in the illustration. One item will NOT have a match.
(5 points)

A. Il coûte cent euros quatre-vingt-dix.

B. Elle coûte vingt-neuf euros cinquante.

C. Elle coûte cinquante-neuf euros trente.

D. Elle coûte douze euros vingt-cinq.

E. Il coûte soixante-douze euros soixante-quinze.

F. Il coûte un euro dix.

_____ 1. bureau

_____ 2. affiche

_____ 3. chaise

_____ 4. pendule

_____ 5. taille-crayon

Structure

A Select the correct article to complete the sentence. *(8 points)*

____ 1. J'aime _____ ordinateurs portables.

    A. l'   B. les   C. une

____ 2. À la maison, j'ai _____ stéréo et des CD.

    A. une   B. un   C. des

____ 3. Je voudrais _____ affiche française.

    A. une   B. un   C. des

____ 4. Bonjour, monsieur. Vous avez _____ sacs à dos?

    A. un   B. une   C. des

____ 5. _____ tableau coûte quatre-vingt-quinze euros.

    A. Un   B. Des   C. Une

____ 6. Moi, je voudrais _____ nouveau sac à dos.

    A. un   B. une   C. des

____ 7. C'est _____ stylo ou un crayon?

    A. une   B. un   C. des

____ 8. J'ai besoin de/d' _____ feuille de papier.

    A. une   B. un   C. les

B Complete the sentence with the correct present tense form of **avoir**. *(6 points)*

1. Dans la salle de classe, on _____ un nouveau tableau.

2. Vous _____ des cédéroms à la maison?

3. Non, madame, nous n'_____ pas de lecteurs de DVD.

C Complete the sentence with the correct present tense form of **avoir besoin de**. *(6 points)*

1. Les élèves _____ ordinateurs portables?

2. Moi, j'_____ cinquante euros.

3. Nellie, tu _____ un dictionnaire?

Culture

Indicate whether the sentence is true or false. Correct it in English if it is false. *(8 points)*

_____ 1. **Carrefour** is the name of a French chain of superstores.

_____

_____ 2. Students at a **lycée** are older than students at a **collège**.

_____

_____ 3. **Une trousse** is used to carry books.

_____

_____ 4. Middle school and high school textbooks are very expensive in France.

_____

_____ 5. € is the symbol used for the euro.

_____

_____ 6. French francs were replaced by euros in 1992.

_____

_____ 7. Euro bills come in seven denominations.

_____

_____ 8. E-learning is becoming more and more popular in France.

_____

Communication

A Describe to a partner what you typically need at the beginning of the school year. Make sure to include at least four supplies and to use complete sentences. If you need to, write down notes before your oral presentation. *(4 points)*

_____

_____

_____

_____

B Tell a partner the cost of four supplies you often get for school, making sure to use complete sentences. You may write down your conversation before presenting it orally. *(2 points)*

_____

_____

_____

_____

C Describe your French classroom in detail to a partner. Using complete sentences, mention how many students are in your class and describe the location of various items in the room in relation to one another. You may write your conversation before presenting it orally. *(5 points)*

_____

_____

_____

_____

_____

_____

_____

Unité 3

Leçon B Quiz

Vocabulary

A Select the logical response to the question or statement. *(4 points)*

_____ 1. Il est comment, ton prof d'allemand?
   A. Il est intelligent.   B. Il est midi.   C. Il est facile.

_____ 2. Quelle heure est-il?
   A. Il est difficile.   B. Il est énergique.   C. Il est minuit.

_____ 3. Il est comment, ton cours de maths?
   A. Il est difficile.   B. Il est énergique.   C. Il est drôle.

_____ 4. Elle est comment, ta camarade de classe?
   A. Elle va bien.   B. Elle est intéressante.   C. Elle est française.

B Several French students are describing their classes. Match each sentence with the appropriate class. One item will NOT have a match. *(7 points)*

A.

D.

B.

E.

C.

F.

FRANCE

G.    H.

_____ 1. J'aime beaucoup mon cours de musique.

_____ 2. Les maths, c'est difficile.

_____ 3. Moi, je n'aime pas beaucoup la chimie.

_____ 4. Le cours d'informatique est à neuf heures.

_____ 5. La prof d'allemand est intelligente.

_____ 6. L'éducation physique et sportive est à trois heures et quart.

_____ 7. J'ai besoin de feuilles de papier pour le cours d'arts plastiques.

Structure

A Select the correct word to complete the sentence. *(5 points)*

_____ 1. Ma prof de français est _____.
   A. canadien
   B. canadienne
   C. canadiennes

_____ 2. Monsieur Abdel-Khader est _____.
   A. intelligent
   B. intelligente
   C. intelligents

_____ 3. Les cours d'histoire sont _____.
   A. intéressante
   B. intéressants
   C. intéressantes

_____ 4. Mes trois copines sont _____.
   A. français
   B. française
   C. françaises

_____ 5. Sylvie et Jules ne sont pas _____.
   A. américaine
   B. américains
   C. américaines

B Complete the sentence with the correct present tense form of **être**. *(6 points)*

1. Nous _____ lundi?

2. Ma prof d'espagnol _____ Madame Rodriguez.

3. Vous _____ à la maison dimanche à six heures?

4. Tu _____ drôle, Simon!

5. Moi, je _____ au café à midi.

6. Les devoirs de chimie _____ difficiles!

C   Select the TWO sentences that contain the accurate time. *(12 points)*

_____ 1. 14h15
       A. Il est quatorze heures quinze.
       B. Il est deux heures et quart de l'après-midi.
       C. Il est deux heures moins le quart.

_____ 2. 9h45
       A. Il est neuf heures et quart.
       B. Il est neuf heures quarante-cinq.
       C. Il est dix heures moins le quart.

_____ 3. 3h30
       A. Il est trois heures et demie.
       B. Il est treize heures trente.
       C. Il est trois heures trente.

_____ 4. 12h00
       A. Il est midi.
       B. Il est minuit.
       C. Il est deux heures.

_____ 5. 17h50
       A. Il est sept heures cinquante.
       B. Il est dix-sept heures cinquante.
       C. Il est six heures moins dix du soir.

_____ 6. 13h35
       A. Il est une heure moins vingt-cinq.
       B. Il est treize heures trente-cinq.
       C. Il est deux heures moins vingt-cinq.

Culture

A Match each item with its description. One item will NOT have a match. *(8 points)*

    A. un paréo
    B. Papeete
    C. Victor Hugo, Louis Pasteur, Henri IV
    D. Fort-de France
    E. une pirogue
    F. l'heure officielle
    G. le mercredi
    H. le bac
    I. marae

_____ 1. typical French school names

_____ 2. stone structures

_____ 3. a garment worn in Polynesia

_____ 4. largest city in Tahiti

_____ 5. **lycée Schœlcher**

_____ 6. a type of canoe

_____ 7. 24-hour time system

_____ 8. diploma received at the end of high school

Communication

A Tell a partner what your favorite and least favorite school subjects are and explain why. If you need to, write your conversation before presenting it orally. *(2 points)*

_____

_____

_____

_____

_____

B With a partner, describe the classes you have on Mondays. Mention four different classes and be sure to say at what time two of them meet. If you need to, write your discussion before presenting it orally. *(6 points)*

_____

_____

_____

_____

_____

_____

_____

_____

_____

_____

_____

Unité 3

Leçon C Quiz

Vocabulary

A Indicate where these persons most likely are based on what they say in the statements on the next page. One item will NOT have a match. *(7 points)*

A.
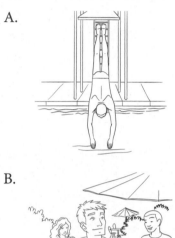

E.

B.

F.

C.

G.
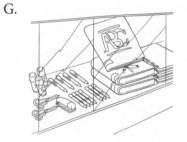

D.

H.

_____ 1. Pourquoi est-ce que tu ne peux pas aller à la piscine?

_____ 2. Je regarde un DVD chez moi.

_____ 3. Le prof est au labo.

_____ 4. Je mange un sandwich à la cantine.

_____ 5. On se retrouve en ville à cinq heures?

_____ 6. Je dois aller au magasin. J'ai besoin d'une trousse.

_____ 7. À la médiathèque, il y a des livres d'histoire.

B Select the logical response to the question. *(4 points)*

_____ 1. Où est-ce que tu vas dimanche?
   A. Je vais à la piscine.
   B. J'ai maths à quatorze heures trente.
   C. On y va.

_____ 2. On se retrouve en ville à une heure?
   A. Je ne peux pas. Je dois aider ma mère chez moi.
   B. La médiathèque est dans le labo de chimie.
   C. Je suis devant le bureau du proviseur.

_____ 3. Pourquoi est-ce que tu ne peux pas aller à la salle d'informatique?
   A. Je n'ai pas mon ordinateur avec moi.
   B. Elle est chez moi.
   C. Ça va bien!

_____ 4. Quand est-ce qu'on y va?
   A. Au magasin.
   B. À quinze heures.
   C. Ça va bien!

Structure

A Select the correct form of **aller** to complete the sentence. *(12 points)*

_____ 1. Nous _____ en ville samedi.

    A. allons   B. allez   C. va

_____ 2. Est-ce que Gilles et toi, vous _____ au labo de chimie?

    A. allez   B. vont   C. vas

_____ 3. La prof _____ au bureau du proviseur.

    A. va   B. vas   C. vais

_____ 4. Mes camarades de classe _____ à la médiathèque.

    A. allons   B. vont   C. va

_____ 5. Je ne _____ pas au cours d'EPS mardi.

    A. vas   B. va   C. vais

_____ 6. Où est-ce que tu _____, Nathalie?

    A. va   B. vont   C. vas

B Complete the sentence with **au**, **à la**, **aux**, or **à l'**. *(4 points)*

1. Aminata est _____ école de huit heures à cinq heures.

2. Madame Trang est _____ bureau du proviseur.

3. Nous aimons beaucoup aller _____ fêtes!

4. Pascal fait ses devoirs _____ médiathèque.

C Complete the question with the appropriate interrogative expression. *(5 points)*

pourquoi est-ce que	est-ce que	où est-ce que
quand est-ce que	avec qui est-ce que	

1. —_____ tu vas au labo d'informatique?

   —Je dois faire mes devoirs.

2. —_____ tu as chimie?

   —Mardi à huit heures.

3. —_____ tu aimes bien le prof d'espagnol?

   —Oui, il est intéressant!

4. —_____ tu vas en ville?

   —J'y vais avec Sophie.

5. —_____ nous allons dimanche?

   —Nous allons à la piscine.

Culture

_____ 1. French **lycée** students must eat at the school cafeteria.

_____

_____ 2. **Collège** students need their parents' permission if they wish to leave school for lunch.

_____

_____ 3. **Escalope de poulet** and **quiche** are dishes that are typically found on a **cantine**'s menu.

_____

_____ 4. Students attending **un lycée hôtelier** train to work in the restaurant and hotel industry.

_____

_____ 5. Mali gained its independence in 1945.

_____

_____ 6. One can find **des écoles coraniques** in Mali.

_____

_____ 7. In 1066, Normandy conquered England.

_____

_____ 8. About 10% of all English words have French origins.

_____

_____ 9. Only 13% of children attend secondary school in Mali.

_____

_____ 10. Some schools in Mali combine religious and secular instruction.

_____

Communication

A Imagine you received the following mysterious text message from a French friend (played by a partner). Reply to find out what this is all about, making sure to ask your partner two questions. If you need to, you may write out your response before presenting it orally. *(2 points)*

_____

_____

_____

_____

_____

B What do you and your classmates do on school days? In a short conversation with a partner, describe some typical activities. Mention different places you frequent at school and explain what you do there and with whom you do these activities. If you need to, write out your description before presenting it orally. *(3 points)*

_____

_____

_____

_____

_____

C Describe a typical weekend day where you live to a partner. Explain what you do, where you go, and with whom you do these activities. If you need to, write your conversation before presenting it orally. *(3 points)*

_____

_____

_____

_____

_____

Unité 4

Leçon A Quiz

Vocabulary

A Select the correct word to complete the sentence. *(6 points)*

_____ 1. On joue au foot dans _____.
   A. un stade   B. un maillot   C. une écharpe

_____ 2. Samedi, l'équipe française joue _____ l'équipe algérienne.
   A. contre   B. marque   C. sur

_____ 3. _____ de football a onze joueurs.
   A. Un stade   B. Un but   C. Une équipe

_____ 4. Bravo! Mon équipe préférée va _____ le match!
   A. perdre   B. gagner   C. jouer

_____ 5. Oh non! Nous allons _____ le match!
   A. perdre   B. gagner   C. faire

_____ 6. Rendez-vous en ville, devant _____.
   A. la bouche de métro   B. la casquette   C. le ticket

B Match the numbered items in the illustration with the correct words or expressions. One item will NOT have a match. *(5 points)*

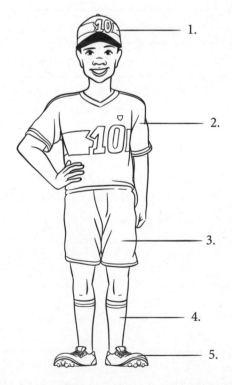

1. _____   A. une casquette
             B. des chaussures
2. _____   C. le blason de l'équipe
             D. un short
3. _____   E. des chaussettes
             F. un maillot
4. _____

5. _____

Structure

A Select the correct form of the verbal expression to complete the sentence. *(6 points)*

_____ 1. Samedi, je _____ au match de foot.

    A. vas aller   B. vais aller   C. allons aller

_____ 2. Coralie, est-ce que tu _____ une écharpe avec le blason de l'équipe au match?

    A. vas avoir   B. vais avoir   C. va avoir

_____ 3. On _____ un ticket de métro.

    A. va acheter   B. vont acheter   C. allons acheter

_____ 4. Les tickets _____ deux euros trente.

    A. vas coûter   B. vont coûter   C. vais coûter

_____ 5. Les filles, vous _____ au stade, n'est-ce pas?

    A. allez manger   B. allons manger   C. vont manger

_____ 6. Dimanche, nous _____ à la piscine.

    A. allons nager   B. vais nager   C. vont nager

B Complete the sentence with the correct form of **aller** and the infinitive of the appropriate verb from the box. One verb will not be used. *(12 points)*

acheter	envoyer	jouer
dormir	perdre	faire	aller

1. Thuy et Paul _____ des chaussures au centre commercial.

2. 5–0? Oh, non…. Nous _____ le match!

3. Est-ce que vous _____ au foot samedi?

4. Je _____ un texto à Martine.

5. Est-ce que tu _____ les devoirs au labo?

6. Noémie _____ en ville. Elle a besoin de chaussettes.

C Complete the question as indicated using the words in parentheses. *(8 points)*

1. inversion

   _____ mauvais à Paris? *(faire / il)*

2. est-ce que

   _____ au stade jeudi soir? *(aller / tu)*

3. inversion

   _____ au café? *(aller manger / Isabelle)*

4. n'est-ce pas

   _____ bien au foot, _____?
   (vous / jouer)

Culture

A Select the correct completion to the sentence. *(6 points)*

_____ 1. _____ won the World Cup in 1998.
A. **Les Bleus**
B. The **Olympique Lyonnais**
C. Toulouse

_____ 2. _____ is a radio show enjoyed by many soccer fans.
A. *Onze*
B. *Le grand direct*
C. *L'Équipe*

_____ 3. Soccer has been popular in France since _____.
A. 1790
B. 1880
C. 1920

_____ 4. The first World Cup was held in _____.
A. 1930
B. 1880
C. 1950

_____ 5. _____ is considered to be the best soccer player in France today.
A. Franck Ribéry
B. Michel Platini
C. Thierry Henry

_____ 6. The cities of Lyon, Bordeaux, Marseille, Paris, and _____ all have a professional soccer team.
A. Lille
B. Avignon
C. La Rochelle

Communication

A Discuss your answers to the following questions with a partner. If you need to, write your discussion before presenting it orally. *(4 points)*

- Do you enjoy soccer, football, or any other team sport?

- Which team is your favorite? Why?

- Who is your favorite player on the team? Why?

- Do you enjoy attending games? Why or why not?

_____

_____

_____

_____

_____

_____

_____

_____

_____

_____

B Imagine you've been invited by a French friend to go to a soccer game next weekend and you're very excited about it! Express your excitement to your friend and make arrangements to meet him/her before the game. Use **aller** + infinitive and complete sentences. If you need to, write your conversation before presenting it orally. *(3 points)*

_____

_____

_____

_____

_____

_____

_____

_____

_____

Unité 4

Leçon B Quiz

Vocabulary

A Sophie is at a café. Look at her order and indicate whether the statement is true or false, based on the illustration. Correct the statement in English if it is false. *(4 points)*

_____ 1. Sophie n'a pas faim.

_____

_____ 2. Sophie va manger un steak-frites.

_____

_____ 3. Comme boisson, Sophie va prendre une glace à la vanille.

_____

_____ 4. Sophie a soif et elle va prendre deux boissons.

_____

B Select the matching number. *(4 points)*

____ 1. 804
   A. huit cent dix
   B. huit cent quatre
   C. quatre-vingts

____ 2. 1.000
   A. mille
   B. cent
   C. cinquante

____ 3. 245
   A. cent vingt-cinq
   B. deux cent quarante-cinq
   C. trois cent trente-cinq

____ 4. 628
   A. six cent vingt-huit
   B. six cent dix-huit
   C. six cent soixante huit

C Put the sentences in the correct order to create a conversation at a café. *(5 points)*

   A. First Line of Dialogue
   B. Second Line of Dialogue
   C. Third Line of Dialogue
   D. Fourth Line of Dialogue
   E. Fifth Line of Dialogue

____ 1. Bonjour. Je vais prendre une quiche et un coca.

____ 2. L'addition, s'il vous plaît.

____ 3. Bonjour, mademoiselle. Vous désirez?

____ 4. Une glace au chocolat.

____ 5. Et comme dessert?

Structure

A Select the correct form of the verbal expression to complete the sentence. *(6 points)*

_____ 1. J'_____. Je vais prendre une eau minérale.

A. as soif   B. ai soif   C. avons soif

_____ 2. Carole _____. Elle va manger une omelette au fromage.

A. a faim   B. as faim   C. ont faim

_____ 3. Nous _____. Nous désirons deux steak-frites, s'il vous plaît.

A. avez faim   B. ont faim   C. avons faim

_____ 4. Les filles, est-ce que vous _____?

A. avez soif   B. ont soif   C. avons soif

_____ 5. Il est midi. Tu _____, Yolande?

A. as faim   B. ai faim   C. ont faim

_____ 6. Les joueurs de foot _____. Ils vont prendre des jus d'orange.

A. avons soif   B. ai soif   C. ont soif

B Match each subject with the correct sentence completion. *(6 points)*

A. Je...
B. Vous, les filles, vous...
C. Pascaline...
D. Nous
E. Tu...
F. Ils...

_____ 1. prends une crêpe et une limonade.

_____ 2. as soif, Charles?

_____ 3. prenez beaucoup de glace!

_____ 4. avons faim. On va au café?

_____ 5. prend une glace au chocolat.

_____ 6. prennent une quiche et un café.

C Complete the sentence with the correct present tense form of **prendre**. *(6 points)*

1. Bonjour, madame. Qu'est-ce que vous _____?

2. À midi, nous _____ une salade à la cantine.

3. Claudia et Nathan _____ le métro le lundi et le mercredi.

4. Je _____ des tickets pour le match de foot samedi?

5. Mamou, est-ce que tu _____ ton ordinateur portable?

6. Le joueur de foot _____ le maillot bleu.

Culture

A Indicate the logical associations. One item will NOT have a match. *(10 points)*

A.	500,000	G.	1902
B.	Flunch, Paul, Le Relais H	H.	1920s
C.	1863	I.	35,000
D.	*Le fabuleux destin d'Amélie Poulain*	J.	1940s and 1950s
E.	Quick	K.	1891
F.	18th century		

_____ 1. popular French movie

_____ 2. Hemingway and Fitzgerald frequent **La Coupole**

_____ 3. The term **croissant** first appears in the dictionary.

_____ 4. number of cafés and bistros in France at the beginning of the 20th century

_____ 5. French writers and philosophers like Voltaire enjoy spending time at cafés.

_____ 6. A **croissant** recipe is published.

_____ 7. number of cafés and bistros in France today

_____ 8. French fast food chains

_____ 9. French equivalent of McDonald's

_____ 10. existentialism

Communication

A Imagine you're at a café in France and you overhear a customer talking with a server. Read what the customer says and imagine a logical question or statement the server might ask or say. If you need to, write your answer before presenting it orally. *(3 points)*

1. Bonjour. Donnez-moi la spécialité du jour, s'il vous plaît.

   _____

   _____

   _____

2. Je vais prendre le menu fixe.

   _____

   _____

   _____

3. Je voudrais une glace au chocolat.

   _____

   _____

   _____

B A friend wants to know about your food and drink preferences. Answer her question with a complete sentence, making sure to mention two items. If you need to, write your response before presenting it orally. *(6 points)*

1. Qu'est-ce que tu aimes comme boissons?

   _____

   _____

   _____

2. Qu'est-ce que tu prends au café quand tu as faim?

   _____

   _____

   _____

3. Qu'est-ce que tu aimes comme desserts?

   _____

   _____

   _____

Unité 4

Leçon C Quiz

Vocabulary

A Match each of these famous movies with its appropriate genre. One item will NOT have a match. *(5 points)*

    A. *Dirty Harry*
    B. *Grease*
    C. *Farenheit 9/11*
    D. *Vendredi 13*
    E. *Indiana Jones et la dernière croisade*
    F. *Star Trek: Générations*

_____ 1. un film de science-fiction

_____ 2. un film d'aventures

_____ 3. un film policier

_____ 4. un film d'horreur

_____ 5. un documentaire

B Look at the movie schedule and select the best completion for the sentence below. *(8 points)*

CINÉMA LE PALACE

Beginners
Genre: Drame
Avec: Ewan McGregor, Christopher
Plummer, Melanie Laurent
Séances: 14h25, 17h30, 21h50

Super 8
Genre: Science-fiction
Avec: Kyle Chandler, Elle Fanning
Séances: 16h30, 19h45

X-Men First Class
Genre: Action
Avec: Patrick Stewart
Séances: 14h45, 18h45, 22h50

Mr. Popper's Penguins
Genre: Comédie
Avec: Jim Carrey
Séances: 14h15, 18h30

Larry Crowne
Genre: Comédie romantique
Avec: Tom Hanks, Julia Roberts
Séances: 17h30, 21h45

Equalizer
Genre: Policier
Avec: Russell Crowe
Séances: 15h30, 18h45, 21h50

Shining
Genre: Horreur
Séances: 22h45

The Debt
Genre: Thriller
Avec: Sam Worthington, Helen Mirren
Séances: 13h15, 18h45

Harry Potter et les reliques de la mort 2
Genre: Aventures
Avec: Daniel Radcliffe, Emma Watson,
Rupert Grint
Séances: 15h50, 19h15, 22h30

Hairspray 2
Genre: Musical
Avec: Nikki Blonsky, John Travolta,
Zac Efron, Queen Latifah
Séances: 14h00, 17h45, 21h30

_____ 1. J'aime beaucoup les films d'horreur. Peut-être _____?

    A. *Beginners*   B. *Mr. Popper's Penguins*   C. *Shining*

_____ 2. Tu vas aimer ça! C'est un film musical et il est drôle. C'est _____.

    A. *Hairspray 2*   B. *Harry Potter et les*   C. *The Debt*
                              reliques de la mort 2

_____ 3. Aïcha aime bien la science-fiction. On va voir _____?

    A. *Equalizer*   B. *Larry Crowne*   C. *Super 8*

_____ 4. Moi, j'ai besoin de rire! On va voir _____?

    A. *The Debt*   B. *Mr. Popper's Penguins*   C. *Super 8*

_____ 5. Tu ne veux pas pleurer? Alors, pas _____!

    A. *Beginners*   B. *Harry Potter et les*   C. *X-Men First Class*
                              reliques de la mort 2

_____ 6. Ronan va voir *Larry Crowne* à 17h30. Il arrive au cinéma à 17h30. Il est _____.

    A. en avance   B. à l'heure   C. en retard

_____ 7. Paul et Tina vont voir *X-Men First Class* à 22h50. Ils arrivent au cinéma à 22h40. Ils sont _____.

    A. en avance   B. à l'heure   C. en retard

_____ 8. Claire va voir *Equalizer* à 18h45. Elle arrive au cinéma à 19h00. Elle est _____.

    A. en avance   B. à l'heure   C. en retard

Structure

A Select the correct form of **quel** to complete the sentence. *(4 points)*

_____ 1. Tu veux voir _____ documentaire, Cathy?
   A. quel
   B. quelle
   C. quels

_____ 2. _____ actrice est-ce que tu préfères, Audrey Tautou ou Marion Cotillard?
   A. Quel
   B. Quelle
   C. Quelles

_____ 3. _____ acteurs jouent dans le film policier?
   A. Quel
   B. Quelles
   C. Quels

_____ 4. _____ boissons est-ce qu'on peut acheter au cinéma?
   A. Quelles
   B. Quelle
   C. Quels

B Complete the sentence with the correct present tense form of the verb **voir**. *(16 points)*

1. Je ne _____ pas Marie à l'école.

2. Tu _____ la bouche de métro? Le cinéma Gaumont est derrière.

3. Nous ne _____ pas de croque-monsieur sur le menu.

4. On _____ beaucoup de films policiers chez moi.

5. Madame, est-ce que vous _____ bien le match?

6. Les camarades de classe _____ le professeur au labo le mardi.

7. Justine? Elle _____ surtout des thrillers au cinéma.

8. Elles ne _____ pas Annie devant le café. Elle doit être en retard.

Culture

A Indicate whether the statement is true or false. Correct it in English if it is false. *(8 points)*

_____ 1. Johnny Depp had a small part in a 2004 French film.

_____ 2. French movie studios, such as Pathé and Gaumont, produce about 150 films per year.

_____ 3. **Les Césars** are the French equivalents of the Academy Awards.

_____ 4. The Cannes film festival is held in July.

_____ 5. *Bienvenue chez les Ch'tis* is considered a tribute to earlier French comedies.

_____ 6. Dany Boon starred in *La Cage aux folles.*

_____ 7. *True Lies* is a remake of a French movie titled *La Totale.*

_____ 8. *Mon Oncle* is considered to be a classic French comedy.

Communication

A Answer the following questions with a partner. If you need to, write your conversation before presenting it orally. *(3 points)*

Quel est ton film préféré? C'est quel genre de film? Quels acteurs et actrices jouent dans le film?

_____

_____

_____

_____

B What is playing at the theater this week? With a partner, discuss three new movies that just came out. Give each movie's title, genre, and main actors. If you need to, write your discussion before presenting it orally. *(3 points)*

_____

_____

_____

C A friend wants to go see a movie with you on Friday night. Suggest to a partner a particular movie you'd like to see. Mention what type of movie it is, explain why you'd like to see it, and make a prediction about it. If you need to, write your conversation before presenting it orally. *(3 points)*

_____

_____

_____

_____

Unité 5

Leçon A Quiz

Vocabulary

A Select the correct word to complete the sentence. *(5 points)*

_____ 1. C'est la mère de mes cousins. C'est _____.
   A. ma tante
   B. ma fille
   C. ma femme

_____ 2. Ce sont les parents de mes parents. Ce sont _____.
   A. mes grands-parents
   B. mes enfants
   C. mes oncles

_____ 3. C'est la femme de mon père, mais ce n'est pas ma mère. C'est _____.
   A. ma belle-sœur
   B. ma demi-sœur
   C. ma belle-mère

_____ 4. C'est le mari de ma tante. C'est _____.
   A. mon cousin
   B. mon demi-frère
   C. mon oncle

_____ 5. C'est la fille de mon oncle et de ma tante. C'est _____.
   A. ma cousine
   B. ma sœur
   C. ma femme

B Match the people in the illustration with the correct descriptions. One item will NOT have a match. *(5 points)*

Yves   Matthieu   Katrine   Annabelle   Jeanne

    A.   Elle est de taille moyenne et elle a les cheveux blonds.

    B.   Elle est petite et elle ressemble à sa mère.

    C.   C'est le petit-fils de Jeanne.

    D.   C'est la grand-mère de Karine.

    E.   C'est la belle-sœur d'Yves.

    F.   Il est grand et c'est le mari d'Annabelle.

_____ 1. Yves   _____ 4. Annabelle

_____ 2. Matthieu   _____ 5. Jeanne

_____ 3. Karine

C Write out the number in French. *(3 points)*

    1. 2.004 _____

    2. 1.000.000 _____

    3. 2.300.500 _____

Structure

A Select the correct form of the possessive adjective to complete the sentence. *(10 points)*

____ 1. C'est la cousine de Marc et de toi. C'est ____ cousine.
  A. votre   B. son   C. vos

____ 2. C'est le frère de Sylvie et de moi. C'est ____ frère.
  A. notre   B. votre   C. leur

____ 3. Elle ressemble à la mère de mes cousins. Elle ressemble à ____ mère.
  A. leur   B. sa   C. vos

____ 4. Comment est la tante de Sophie? ____ tante est intelligente.
  A. Sa   Ses   C. Son

____ 5. Ce sont les parents de Justine et de Luc. Ce sont ____ parents.
  A. nos   B. leurs   C. vos

____ 6. Patrick et Nadine sont les grands-parents de Gilles. Ce sont ____ grands-parents.
  A. ses   B. leurs   C. vos

____ 7. Je suis chez moi. C'est ____ maison!
  A. ma   B. ta   C. mes

____ 8. Tu as un nouveau sac à dos. ____ sac à dos est beau.
  A. Ton   B. Mon   C. Sa

____ 9. C'est le mari de Clothilde? Oui, c'est ____ mari.
  A. leur   B. son   C. sa

____ 10. Ma mère a les cheveux roux. Je ressemble beaucoup à ma mère. ____ cheveux sont roux.
  A. Mon   B. Mes   C. Nos

B Complete the sentence with **un, une, des, de**, or **d'**. *(5 points)*

1. La tante de Karim n'a pas _____ enfants.

2. Isidore a _____ sœur.

3. Est-ce que les fils des Martin ont _____ copines?

4. Moi, je n'ai pas _____ frère.

5. Pang a _____ oncle à Paris.

C Juliette is describing her family. Complete the sentence with the correct possessive adjective. *(5 points)*

1. Ma mère a les yeux verts. _____ yeux ne sont pas marron.

2. Je ne ressemble pas à ma mère. Moi, _____ cheveux sont bruns, et j'ai les yeux marron.

3. Mes deux demi-frères sont grands et _____ cheveux sont noirs.

4. Le mari de ma mère est de taille moyenne. C'est le père de mes demi-frères mais ce n'est pas _____ père.

5. Nous aimons beaucoup _____ parents. Ils sont drôles et intelligents.

Culture

A Indicate whether the statement is true or false. Correct it in English if it is false. *(8 points)*

_____ 1. France uses the system of measurements used in the United States.

_____

_____ 2. In the metric system, weight is measured in grams and kilograms.

_____

_____ 3. Martinique's nickname is "the Island of Flowers."

_____

_____ 4. Guadeloupe and Martinique are overseas **départements** of France.

_____

_____ 5. The last eruption of Mount Pelée killed about 2,000 people.

_____

_____ 6. The metric system was developed in 190.

_____

_____ 7. **Accras de morue** is a popular type of music in Martinique.

_____

_____ 8. Today, the capital city of Martinique is St. Pierre.

_____

Communication

A Describe yourself, in French, to a partner. Be sure to mention your height as well as your hair and eye color. If you need to, write your description before presenting it orally. *(2 points)*

_____

_____

_____

_____

B Your friend Hervé sent you a photo of himself with his half-sister. Explain how they are related and describe them. If you need to, write your description before presenting it orally. *(2 points)*

_____

_____

_____

_____

_____

_____

C Your new Vietnamese e-pal wants to know about your extended family. Describe the various members of your extended family, making sure to mention everyone's name and to explain how everyone is related. If you need to, write your description before presenting it orally. *(2 points)*

_____

_____

_____

_____

_____

D Describe a famous family of your choice (for example, Brad Pitt and Angelina Jolie's family, the Simpsons, the First Family, etc.). Describe each person in the family and explain how the family members are related. If you need to, write your description before presenting it orally. *(3 points)*

_____

_____

_____

_____

_____

_____

_____

Unité 5

Leçon B Quiz

Vocabulary

A Look at the person in the illustration and indicate whether the statement is true or false. Correct the statement in French if it is false. *(5 points)*

_____ 1.   Madame Nguyen est paresseuse.

_____

_____ 2.   Aminata est généreuse.

_____

_____ 3.   Nathalie est bavarde.

_____

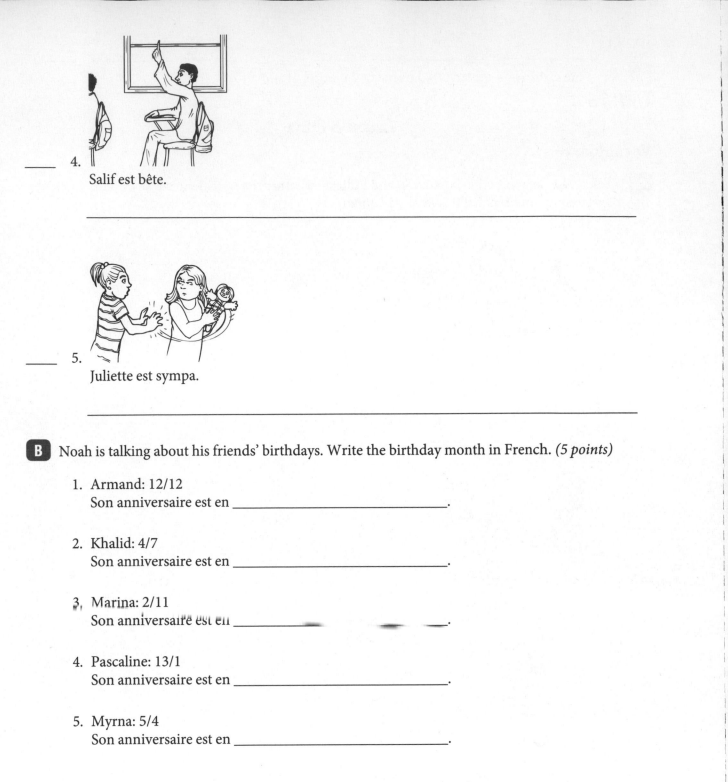

____ 4.

Salif est bête.

_____

____ 5.

Juliette est sympa.

_____

B Noah is talking about his friends' birthdays. Write the birthday month in French. *(5 points)*

1. Armand: 12/12
   Son anniversaire est en _____.

2. Khalid: 4/7
   Son anniversaire est en _____.

3. Marina: 2/11
   Son anniversaire est en _____.

4. Pascaline: 13/1
   Son anniversaire est en _____.

5. Myrna: 5/4
   Son anniversaire est en _____.

Structure

A Select the expression that best matches the sentence. *(4 points)*

_____ 1. Salima voudrait une eau minérale.
   A. Elle a soif.
   B. Elle a douze ans.
   C. Elle a faim.

_____ 2. Manon est au cours d'EPS.
   A. Elle a soif.
   B. Elle a faim.
   C. Elle a besoin d'un maillot.

_____ 3. Quel âge a ton frère?
   A. Il a besoin d'un stylo.
   B. Il a seize ans.
   C. Il a soif.

_____ 4. Habib mange des pâtes à la cantine.
   A. Il a faim.
   B. Il a dix ans.
   C. Il a soif.

B Match each subject with the correct sentence completion. *(6 points)*

   A. Je/J'...
   B. Nous...
   C. Pascal...
   D. Vous...
   E. Tu...
   F. Elles...

_____ 1. ...offres un vélo à ton frère.

_____ 2. ...ne finissez pas la glace, les enfants?

_____ 3. ...ai soif! Je vais prendre un jus d'orange.

_____ 4. ...réussissent aux examens.

_____ 5. ...rougit parce qu'il est timide.

_____ 6. ...offrons des chaussures à notre mère pour son anniversaire.

C Complete the sentence with the correct present tense form of the verb in parentheses. *(6 points)*

1. Mes cousins _____ beaucoup! *(grandir)*

2. La mère de ma copine _____ quand elle mange beaucoup de frites. *(grossir)*

3. Je _____ beaucoup en cours de maths. *(réfléchir)*

4. Coralie, est-ce que tu _____ tes devoirs? *(finir)*

5. Nous _____ bien aux examens. *(réussir)*

6. Qu'est-ce que vous _____ à votre père pour son anniversaire? *(offrir)*

D Write out the date of this holiday in words. *(4 points)*

1. Christmas

   C'est _____.

2. Valentine's Day

   C'est _____.

3. Halloween

   C'est _____.

4. Independence Day

   C'est _____.

Culture

A Indicate whether the statement is logical or not. *(6 points)*

_____ 1. Today is your friend Marc's birthday. You say **Joyeux anniversaire!** to him.

_____ 2. Your aunt's name appears next Monday on the calendar. It is her saint's day.

_____ 3. Your mom's birthday is coming up so you're going to go to **la FNAC** to purchase the cake.

_____ 4. Although it is not Mustapha's birthday, the Al Fessna family give him a present because his family is less fortunate than they are.

_____ 5. Pauline wants to buy some CDs for her brother so she goes to **la FNAC**.

_____ 6. Muslim families in the Middle East and in Africa don't always celebrate birthdays.

B In English, write a short paragraph describing how Maryse Condé's family celebrated her mother's birthday. *(3 points)*

_____

_____

_____

_____

_____

_____

_____

_____

Communication

A Imagine the worst possible brother one could have. What is he like? If you need to, write your explanation before presenting it orally. *(2 points)*

_____

_____

_____

_____

_____

B Imagine the best possible sister one could have. What is she like? If you need to, write your description before presenting it orally. *(2 points)*

_____

_____

_____

_____

_____

C What are your favorite and least favorite months of the year? Why? If you need to, write your opinions before presenting them orally. *(2 points)*

_____

_____

_____

_____

_____

D What does your family typically do to celebrate a family member's birthday? Describe what you do for the occasion and the presents you like to give. If you need to, write your description before presenting it orally. *(2 points)*

_____

_____

_____

_____

_____

_____

E This weekend is your friend Sabine's birthday and you are organizing the party. In your invitation, mention when the party is going to be and ask that your friends bring some drinks, food items, and some CDs to listen to. If you need to, write the invitation before presenting it orally. *(3 points)*

_____

_____

_____

_____

_____

_____

_____

Unité 5

Leçon C Quiz

Vocabulary

A Match each of these tools with the profession that is logically associated with it. One item will NOT have a match. *(5 points)*

A.

D.

B.

E.

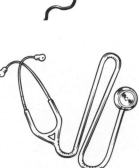

C.

F.

_____ 1. un écrivain

_____ 2. un médecin

_____ 3. un homme d'affaires

_____ 4. un chanteur

_____ 5. un cuisinier

B Select the question that elicited the answer. *(3 points)*

_____ 1. Je viens du Togo.
  A. Tu viens d'où?
  B. Tu es actrice?
  C. Quelle est votre profession?

_____ 2. Moi, je suis ingénieur.
  A. Vous venez d'où?
  B. Vous êtes diligent?
  C. Quelle est votre profession?

_____ 3. Nous sommes maliens.
  A. Vous êtes graphistes?
  B. Vous venez d'où?
  C. Quelle est votre profession?

C Complete the sentence with a logical noun or adjective. *(4 points)*

1. Marie-Laure travaille dans un restaurant. Elle est _____.

2. M. Amadou, vous venez du Sénégal. Vous êtes _____.

3. Cathy et Justine sont de Yaoundé, au Cameroun. Elles sont _____.

4. Patrick adore les arts plastiques. Il voudrait être _____.

Structure

A Select the correct preposition to complete the sentence. *(4 points)*

____ 1. Les Johnson sont _____ États-Unis, n'est-ce pas?
     A. des   B. du   C. de l'

____ 2. Le frère de Chloé est le copain _____ fille des Gervais.
     A. du   B. de la   C. des

____ 3. Janvier? C'est le mois _____ anniversaire de ma mère.
     A. des   B. du   C. de l'

____ 4. Martin est le nom _____ fils de ma tante.
     A. des   B. du   C. de l'

B Complete the sentence with the correct present tense form of the verb **venir**. *(12 points)*

1. Les enfants, est-ce que vous _____ à l'anniversaire de Valérie?

2. Je _____ en Côte d'Ivoire en septembre.

3. Nous _____ du Togo. Et vous?

4. Je dois aller au labo d'informatique. Tu _____ avec moi?

5. Les Odouana _____ du Gabon.

6. Et ta cousine, elle _____ à la piscine?

C Select the correct expression to complete the sentence. *(7 points)*

____ 1. Madame Duhamel? _____ une femme d'affaires.
     A. Ce sont   B. Elle est   C. C'est

____ 2. Patricia, _____ ivoirienne.
     A. elle est   B. c'est   C. elles sont

____ 3. Monsieur Petit, _____ agent de police.
     A. il est   B. c'est   C. ce sont

____ 4. Tes cousines, _____ des filles diligentes!
     A. ce sont   B. elles sont   C. c'est

____ 5. _____ le dentiste de mes parents.
     A. Ce sont   B. Il est   C. C'est

____ 6. Non, _____ un bon avocat!
     A. ce ne sont pas   B. ce n'est pas   C. il n'est pas

____ 7. Nicolas Sarkozy? _____ un Français.
     A. Il est   B. C'est   C. Ce ne sont pas

Culture

A For each statement, select all the responses that apply. *(8 points)*

_____ 1. African masks _____.
   A. play an important role in tribal ceremonies
   B. are used to communicate with the spirits
   C. are used for decorative purposes

_____ 2. _____ is a nation in Sub-Saharan Africa.
   A. Cameroon
   B. Burkina Faso
   C. Algeria

_____ 3. European traders brought slaves to the Americas in the _____ century.
   A. 14th
   B. 15th
   C, 20th

_____ 4. _____ is an important export product in Africa.
   A. Cotton
   B. Coffee
   C. Wheat

_____ 5. In their music, Amadou and Mariam use _____.
   A. guitars
   B. trumpets
   C. pianos

_____ 6. Amadou and Mariam are _____.
   A. from Mali
   B. married
   C. blind

_____ 7. Kourouma, Diop, and Beti are associated with _____.
   A. the arts
   B. petroleum
   C, diamonds

_____ 8. Africa exports _____.
   A. rare metals
   B. wood
   C. diamonds

Communication

A   Answer the following questions. If you need to, write your answers before presenting them orally. *(3 points)*

Quel métier est-ce que tu voudrais avoir? Pourquoi?

_____

_____

_____

_____

_____

_____

B   What are the professions of the adults in your extended family? Describe what four of your family members do for a living. If you need to, write your description before presenting it orally. *(4 points)*

_____

_____

_____

_____

_____

_____

_____

Unité 6

Leçon A Quiz

Vocabulary

A Select the color that is NOT traditionally associated with the item below. *(5 points)*

_____ 1. Halloween

      A. beige   B. noir   C. orange

_____ 2. Christmas

      A. rouge   B. vert   C. bleu

_____ 3. Valentine's Day

      A. rose   B. rouge   C. gris

_____ 4. Hannukah

      A. bleu   B. blanc   C. violet

_____ 5. the American flag

      A. rouge   B. blanc   C. vert

B Elsa and Lucas are shopping for clothes. Match each of their comments or questions with the item of clothing to which it refers. One item will NOT have a match. *(5 points)*

A.

D.

_____ 1. J'ai besoin d'un manteau pour aller à Québec.

_____ 2. Vous avez les bottes marron en 38?

_____ 3. Je cherche une robe noire pour une fête.

B.

E.

_____ 4. Je voudrais un nouveau maillot pour la piscine.

_____ 5. De quelle couleur est le pantalon?

C.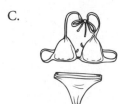

F.

C Imagine you're shopping for a new outfit for an elegant dinner party you're going to be attending while in France. Answer the salesperson's question in a complete sentence. *(3 points)*

1. Je peux vous aider?

   _____

   _____

2. De quelle couleur?

   _____

   _____

3. Quelle taille faites-vous?

   _____

   _____

Structure

A Select the correct form of the demonstrative adjective to complete the sentence. *(6 points)*

_____ 1. J'aime beaucoup _____ jean.
   A. ce
   B. cet
   C. cette

_____ 2. Vous avez _____ baskets en 40?
   A. ces
   B. cet
   C. ce

_____ 3. Je cherche des bottes pour aller avec _____ jupe.
   A. ce
   B. cet
   C. cette

_____ 4. Vous avez _____ pull en violet ou en bleu?
   A. ce
   B. cet
   C. cette

_____ 5. Non, nous n'avons pas _____ chemise en noir.
   A. ces
   B. cet
   C. cette

_____ 6. _____ endroit a beaucoup de vêtements noirs!
   A. Ce
   B. Cet
   C. Cette

B Complete the sentence with the correct present tense form of the verb **acheter**. *(6 points)*

1. Tu _____ ces tennis, Hugues?

2. Nous _____ nos vêtements au magasin Mode Bon Marché.

3. J'_____ cette veste ou ce manteau?

4. Inès et sa cousine _____ des maillots de bain pour aller à Nice.

5. Mademoiselle, vous _____ la jupe en rouge ou en blanc?

6. Pierre _____ un foulard rose pour l'anniversaire de sa mère.

C Select the correct form of **vouloir** to complete the sentence. *(6 points)*

_____ 1. Patricia, est-ce que tu _____ aller au cinéma ce soir?
   A. veux
   B. veut
   C. veulent

_____ 2. Moi, je _____ un nouveau jean pour l'école.
   A. veux
   B. voulons
   C. veulent

_____ 3. Vous _____ venir au centre commercial avec nous?
   A. voulons
   B. voulez
   C. veulent

_____ 4. Et Marc, il _____ acheter ce chapeau marron.
   A. veut
   B. veux
   C. veulent

_____ 5. Ah non! Nous ne _____ pas faire nos devoirs ce soir!
   A. voulons
   B. voulez
   C. veulent

_____ 6. Toan et son frère _____ acheter des baskets pour faire du footing.
   A. veut
   B. voulons
   C. veulent

Culture

A Complete the sentence with the appropriate words or expressions based on what you learned in **Leçon A**. *(10 points)*

1. There are about 10,000 _____ throughout France.

2. 48% of the people who make online purchases in France buy _____.

3. _____ is the largest flea market in France, and it is located near Paris.

4. _____ is best known for having created "the little black dress."

5. **Haute couture** collections are presented _____ a year.

6. Lanvin, Givenchy, and Lacroix are all names associated with _____ in France.

7. _____ is a type of African fabric that is reserved for clothing worn for special occasions.

8. _____ has inspired many of Jean-Paul Gaultier's designs.

9. The word _____ refers to a brightly colored piece of fabric that is worn by both men and women throughout Africa.

10. African men often wear a _____, a type of long dress for men.

Communication

A Describe a typical outfit you'd wear to school during the winter. Be sure to include colors in your description. If you need to, you make write down notes before presenting your description orally. (*2 points*)

_____

_____

B Describe a typical outfit you'd wear to hang out with your friends during the summer. Be sure to include colors in your description. If you need to, write down notes before your oral presentation. (*2 points*)

_____

_____

C You are checking out the new arrivals at this French boutique. Describe what you see in the window. Then, decide which outfit you want to buy and explain why you like this particular outfit. Be sure to mention in what sizes and colors you want each piece. If you need to, write down notes before you present your choice orally. (*5 points*)

_____

_____

_____

_____

Unité 6

Leçon B Quiz

Vocabulary

A Madame Laforêt is doing her grocery shopping in town this morning. Select the item that she can buy based on where she is. There may be more than one correct answer. *(6 points)*

_____ 1. Elle est à la charcuterie.

    A. un peu de pâté   B. du saucisson   C. une tranche de jambon

_____ 2. Elle est à la boucherie.

    A. de la confiture   B. du poulet   C. du porc

_____ 3. Elle est à la crémerie.

    A. un morceau de fromage   B. un litre de lait   C. une tarte aux pommes

_____ 4. Elle est au supermarché.

    A. de la moutarde   B. de la soupe   C. de la mayonnaise

_____ 5. Elle est à la boulangerie.

    A. un kilo de bœuf   B. une baguette   C. trois croissants

_____ 6. Elle est à la pâtisserie.

    A. du camembert   B. un gâteau   C. des œufs

B Based on the dish that Paul is going to prepare, select the logical list of purchases he makes. One item will NOT have a match. *(4 points)*

    A. D'abord, Paul va au supermarché pour acheter un petit pain, du bœuf, du fromage, de la salade et du ketchup.

    B. Ensuite, il achète des œufs, du lait et du fromage.

    C. Paul achète aussi du beurre, du lait et du chocolat.

    D. Enfin, Paul va au supermarché et il achète de la mayonnaise, des yaourts et de la confiture.

    E. Paul a besoin de pain, de fromage et de deux tranches de jambon.

_____ 1. une omelette

_____ 2. un gâteau

_____ 3. un hamburger

_____ 4. un croque-monsieur

Structure

A Indicate how the item below is typically sold. *(6 points)*

____ 1.

   A. une tranche de   B. un paquet de   C. un morceau de

____ 2.

   A. un kilo de   B. une bouteille de   C. un pot de

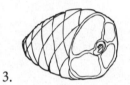

____ 3.

   A. une tranche de   B. un gramme de   C. un litre de

____ 4.

   A. un pot de   B. une boîte de   C. un morceau de

____ 5.

   A. une bouteille de   B. un kilo de   C. cinq cents grammes de

____ 6.

   A. une boîte de   B. un litre de   C. une tranche de

B Indicate whether the quantity mentioned is enough or not, using **peu de**, **assez de**, **beaucoup de**, **trop de**. *(4 points)*

1. Monsieur Pasquier a six tranches de jambon pour six amis. C'est _____ jambon.

2. Naéma a trente hamburgers pour douze copains. C'est _____ hamburgers.

3. Hervé a six baguettes et il veut faire dix sandwiches. C'est _____ pain.

4. Karim a cent grammes de pommes pour faire une tarte aux pommes. C'est

   _____ pommes.

C Complete the sentence with the correct present tense form of the verb in parentheses. *(10 points)*

1. À la boucherie, on _____ du poulet. *(vendre)*

2. Madame, est-ce que vous _____ le professeur? *(attendre)*

3. Ils ne _____ pas de pain à la pâtisserie. *(vendre)*

4. J'_____ Carole et Steph au café. *(attendre)*

5. Combien est-ce que tu _____ ton vélo, Yen? *(vendre)*

6. Le dimanche matin, nous _____ devant la boulangerie pour acheter des croissants chauds! *(attendre)*

7. Monsieur, est-ce que vous _____ des saucissons? *(vendre)*

8. Karima _____ Marianne devant le supermarché. *(attendre)*

9. Oui, madame, nous _____ des yaourts et du beurre. *(vendre)*

10. Tu _____ tes amis pour aller à la piscine, Neeraj? *(attendre)*

Culture

A Indicate the logical associations. One item will NOT have a match. *(8 points)*

    A. hypermarchés
    B. pâté
    C. crémerie, boucherie
    D. comté
    E. munster
    F. camembert
    G. une demi-bouteille
    H. emmental
    I. un litre

_____ 1. Jura

_____ 2. petits commerces

_____ 3. Alsace

_____ 4. Normandie

_____ 5. grands magasins

_____ 6. 0,50 litre

_____ 7. préparation à base de viande

_____ 8. du lait

Communication

A Answer the question in a complete sentence. Mention two items. If you need to, write down notes before answering orally. *(4 points)*

   1. Qu'est-ce qu'on achète à la crémerie?

   _____

   _____

   2. Qu'est-ce qu'on achète au supermarché?

   _____

   _____

B Four African friends are staying with you this coming weekend, and since you don't really know what they like to have for breakfast, you want to make sure you have a nice variety of items to offer to them. Give a list of what you're planning to buy and be sure to include the quantities for everything you need. You should offer four different items. If you need to, make notes before presenting your list orally. *(4 points)*

   _____

   _____

   _____

   _____

C You're going to have some French friends over for dinner, and you're going to serve a cheese omelette and some ham sandwiches. Explain which small stores you're going to visit to buy the ingredients you need and what you are going to purchase at each store. Use **d'abord**, **ensuite**, and **enfin** in your paragraph. If you need to, write down notes before presenting your explanation orally. *(4 points)*

   _____

   _____

   _____

   _____

   _____

   _____

Unité 6

Leçon C Quiz

Vocabulary

A Véronique is shopping at the market. Put the lines of her conversation with the merchant in the logical order. *(7 points)*

A. First Line of Dialogue   E. Fifth Line of Dialogue
B. Second Line of Dialogue   F. Sixth Line of Dialogue
C. Third Line of Dialogue   G. Seventh Line of Dialogue
D. Fourth Line of Dialogue

_____ 1. Bien, un kilo de poires à deux euros quarante, s'il vous plaît.

_____ 2. Bonjour, monsieur. Vos poires sont mûres?

_____ 3. Et c'est combien, le kilo?

_____ 4. Deux euros quarante.

_____ 5. Oui.... Et avec ça? C'est tout?

_____ 6. C'est tout, merci.

_____ 7. Ah oui! Elles sont bien mûres!

B Select the item that fits the description. There may be more than one answer. *(5 points)*

_____ 1. Ce fruit peut être rouge, vert, ou jaune.

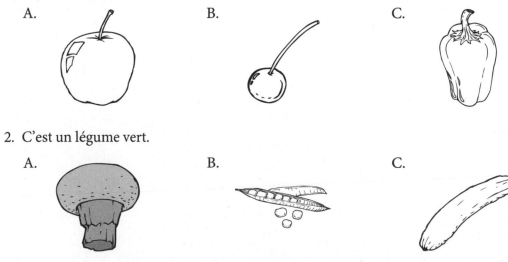

A.   B.   C.

_____ 2. C'est un légume vert.

A.   B.   C.

_____ 3. Ce légume est violet.

A.   B.   C.

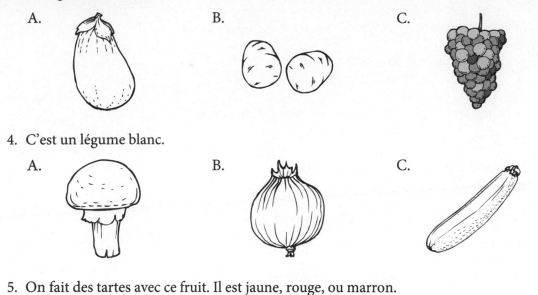

_____ 4. C'est un légume blanc.

A.   B.   C.

_____ 5. On fait des tartes avec ce fruit. Il est jaune, rouge, ou marron.

A.   B.   C.

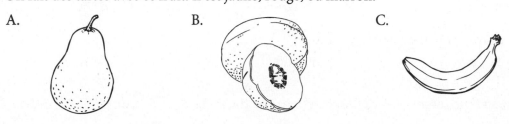

C   Name three items you can use to make the following dish. *(6 points)*

1. une soupe de légumes

_____

_____

_____

2. une salade de fruits

_____

_____

_____

Structure

A Select the correct partitive article to complete the sentence. *(6 points)*

_____ 1. Bonjour, monsieur, je voudrais _____ petits pois.
   A. des   B. du   C. de la

_____ 2. Je vais prendre _____ tarte aux pommes comme dessert.
   A. des   B. du   C. de la

_____ 3. Est-ce qu'il y a _____ oignon dans ta soupe?
   A. de l'   B. du   C. de la

_____ 4. Est-ce que vous avez _____ saucisson?
   A. des   B. du   C. de la

_____ 5. Non, nous n'avons pas _____ aubergines.
   A. d'   B. du   C. de la

_____ 6. Karim ne mange pas _____ porc.
   A. de   B. du   C. de la

B Complete the sentence with the correct article: **du, de la, de l', des, de, d', le, la,** or **les**. *(10 points)*

1. Tu aimes _____ jambon dans ton sandwich, Isa?

2. Je ne mange pas _____ oranges.

3. Est-ce que tu veux _____ eau minérale comme boisson?

4. Nous achetons _____ courgettes et un melon.

5. Miam! Miam! _____ confiture est bonne!

6. Tu veux _____ tarte aux fraises à midi?

7. Nous avons besoin d'acheter _____ pain à la boulangerie.

8. _____ pêches sont mûres?

9. Je ne veux pas _____ mayonnaise dans mon sandwich.

10. Il y a _____ haricots verts au marché?

Culture

A Indicate whether the statement is true or false. Correct the statement in English if it is false. *(8 points)*

_____ 1. Most French cities and small towns host an open air market once or twice a week.

_____

_____ 2. The *slow food* movement encourages the consumption of local products.

_____

_____ 3. *Slow food* is mostly popular in the north of France.

_____

_____ 4. Prices at open air markets tend to be lower than at supermarkets.

_____

_____ 5. The **souk** is the North African equivalent of the French open air market.

_____

_____ 6. People in the Maghreb are renowned for their woodwork.

_____

_____ 7. It is common for shoppers in a **souk** to bargain.

_____

_____ 8. Only food is sold at French markets.

_____

Communication

A Answer the following questions. Mention three items and use complete sentences. If you need to, write down notes before presenting your responses orally. *(6 points)*

1. Quels sont tes fruits préférés? Quels fruits est-ce que tu n'aimes pas?

   _____

   _____

   _____

   _____

2. Quels sont tes légumes préférés? Quels légumes est-ce que tu n'aimes pas?

   _____

   _____

   _____

   _____

B Imagine you're at the market in France and you want to buy one kind of fruit and one kind of vegetable. What are two questions you could ask the merchant to find out about the quality and price of her produce? If you need to, write down notes before presenting your answers orally. *(2 points)*

   _____

   _____

   _____

   _____

Unité 7

Leçon A Quiz

Vocabulary

 Look at the illustration and indicate whether the statement is accurate (**oui**) or not (**non**).
(5 points)

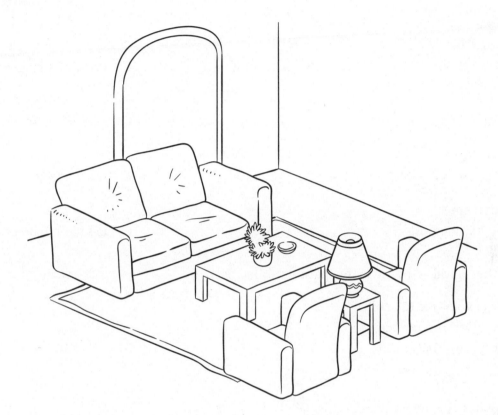

_____ 1. Là, c'est la salle à manger.

_____ 2. Il y a deux fauteuils et un canapé dans le salon.

_____ 3. Il y a une lampe sur une table.

_____ 4. Il y a une cuisinière dans cette salle de séjour.

_____ 5. Le tapis est sous la table.

B Indicate where the item would normally be found. There may be more than one answer. *(7 points)*

_____ 1. un frigo

     A. la chambre   B. la cuisine   C. la salle à manger

_____ 2. un canapé

     A. la chambre   B. le salon   C. la salle de bains

_____ 3. un four

     A. la chambre   B. la cuisine   C. le séjour

_____ 4. une table

     A. les W.C.   B. la cuisine   C. la salle à manger

_____ 5. un évier

     A. la chambre   B. la cuisine   C. la salle à manger

_____ 6. un étage

     A. un immeuble   B. la cuisine   C. une maison

_____ 7. un meuble

     A. la chambre   B. les W.C.   C. la salle à manger

C Select the logical response to the question. *(3 points)*

_____ 1. Où est-ce que tu habites?

     A. Dans un immeuble.

     B. Dans une cuisine.

     C. Dans un étage.

_____ 2. Qu'est-ce qu'il y a dans ta cuisine?

     A. Il y a des W.C.

     B. Il y a des placards et un micro-onde.

     C. Il y a des fauteuils et un canapé.

_____ 3. Où est ton appartement?

     A. Au fond du séjour.

     B. Là, à côté des meubles.

     C. Au sixième étage.

Structure

A Monsieur and Madame Lefeuillet have a large family. Refer to the family tree to complete the sentence. Use an ordinal number or a name in your sentence and read the sentence carefully before giving your answer. *(6 points)*

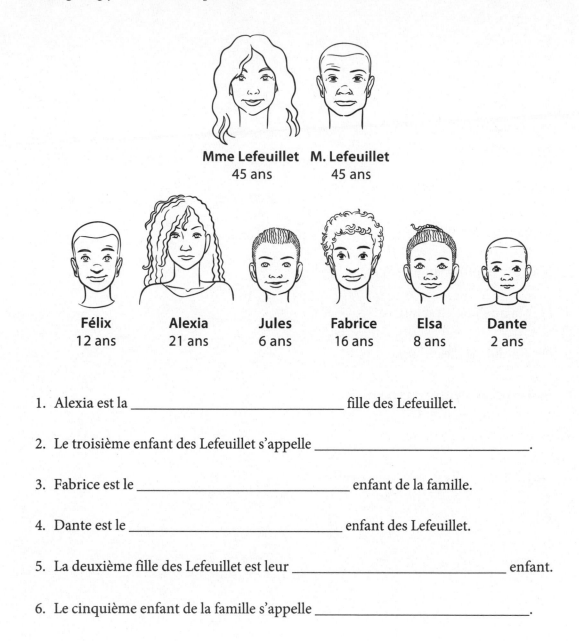

Mme Lefeuillet   M. Lefeuillet
45 ans   45 ans

Félix   Alexia   Jules   Fabrice   Elsa   Dante
12 ans   21 ans   6 ans   16 ans   8 ans   2 ans

1. Alexia est la _____ fille des Lefeuillet.

2. Le troisième enfant des Lefeuillet s'appelle _____.

3. Fabrice est le _____ enfant de la famille.

4. Dante est le _____ enfant des Lefeuillet.

5. La deuxième fille des Lefeuillet est leur _____ enfant.

6. Le cinquième enfant de la famille s'appelle _____.

B You are in an office building. Select the correct floor for each office. One item will NOT have a match. *(8 points)*

A. quatrième

B. premier

C. cinquième

D. huitième

E. deuxième

F. septième

G. troisième

H. neuvième

I. sixième

_____ 1. Dentiste—4

_____ 2. Ingénieur Dupuis—5

_____ 3. Magasin d'informatique—1

_____ 4. M. Maximilien, Graphiste—7

_____ 5. Dr. Kahlid, Médecin—8

_____ 6. M. Laroche, Metteur en scène—9

_____ 7. Mme Arnould, Avocate—2

_____ 8. Guy & Martel, Testeurs de jeux vidéo—3

Culture

A Complete the sentence with the appropriate response based on what you learned in **Leçon A**.
(10 points)

1. 57% of French families live in a _____.

2. _____ are reserved for people with lower incomes.

3. In modern French constructions, **les W.C.** are often found in the

   _____.

4. Tunisia, Morocco, and _____ are referred to as the Maghreb.

5. Algeria gained its independence from France in _____.

6. The Algerian economy relies heavily on the country's _____.

7. _____ is a type of music that was developed in Algeria.

8. The official language of Algeria is _____.

9. The hidden parts of a **khaïma** are reserved for _____.

10. The term _____ refers to a man who lives in the desert.

Communication

 A Describe where you live. Say whether you live in a house or apartment and how many floors there are in the house or building. Then, say how many rooms there are in your home, what those rooms are, and where they are located in relation to one another. If you need to, write down notes before your oral presentation. *(3 points)*

_____

_____

_____

_____

B Describe what a typical American family room looks like, mentioning furniture and its placement, as well as accessories typically found in the room. If you need to, write down notes before your oral presentation. *(3 points)*

_____

_____

_____

_____

C Imagine you're going to be spending a week in France, and your family would like to rent a furnished house or apartment for the duration of your stay. In an imaginary phone conversation with Agence Immo, a French real estate company, describe the ideal vacation home for your family. Be sure to mention the type of home you're looking for, as well as the various rooms and furnishings your family will need. If you need to, write down notes before you explain your desires in an oral presentation. *(3 points)*

_____

_____

_____

_____

Unité 7

Leçon B Quiz

Vocabulary

A Select the name of the meal this person is probably having. *(4 points)*

_____ 1. Nathalie est à la maison. Il est 7h30 du matin.
   A. le goûter   B. le petit déjeuner   C. le dîner

_____ 2. Monsieur N'Guyen est au restaurant avec sa famille. Il est 8h00 du soir.
   A. le déjeuner   B. le petit déjeuner   C. le dîner

_____ 3. Pierre fait ses devoirs. Il prend du pain et du chocolat. Il est 4h30 de l'après-midi.
   A. le goûter   B. le déjeuner   C. le petit déjeuner

_____ 4. Madame Sokoumé mange un croque-monsieur avec son mari au café à midi.
   A. le goûter   B. le déjeuner   C. le dîner

B Indicate whether the statement is true or false based on the illustration. If it is false, correct it in French. *(6 points)*

_____ 1. Il y a une nappe sur la table.

_____ 2. La cuiller est au-dessus de la tasse.

_____ 3. Il y a du sel et du poivre sur la table mais il n'y a pas de sucre.

_____ 4. La fourchette est à droite de l'assiette et le couteau est à gauche.

_____ 5. La serviette est sous l'assiette.

_____ 6. Il n'y a pas de verre sur la table.

Structure

A Select the correct form of the verb **devoir** to complete the sentence. *(6 points)*

_____ 1. On _____ prendre un bon petit déjeuner le matin.
  A. dois
  B. doit
  C. doivent

_____ 2. Les enfants, vous _____ mettre le couvert!
  A. devez
  B. devons
  C. doivent

_____ 3. Je _____ manger à la cantine le vendredi midi.
  A. dois
  B. doit
  C. devons

_____ 4. Corinne, tu _____ faire tes devoirs de maths!
  A. doit
  B. dois
  C. doivent

_____ 5. Les professeurs _____ aller au bureau du proviseur.
  A. dois
  B. doit
  C, doivent

_____ 6. Est-ce que nous _____ aller au restaurant avec les Germain?
  A. devons
  B. devez
  C. doivent

B Complete the sentence with the correct form of the verb **mettre**. *(6 points)*

1. À la maison, mes frères _____ le couvert pour le déjeuner le dimanche.

2. Pascaline _____ une robe violette pour aller au cinéma.

3. Moi, je ne _____ pas de sucre dans le café. Et toi?

4. Nous _____ cette nappe sur la table pour le dîner?

5. En France, vous _____ le couteau à droite de l'assiette?

6. Hector, tu _____ cette lampe dans le salon?

C Select the correct comparative word to logically complete the sentence. *(3 points)*

____ 1. Lola a six ans. Son frère Kevin a dix-huit ans. Kevin est _____ grand que Lola.
   A. plus
   B. aussi
   C. moins

____ 2. Aminata et Carole ne font pas de sport. Aminata est _____ paresseuse que Carole.
   A. plus
   B. aussi
   C. moins

____ 3. Birago achète deux CD pour l'anniversaire de son frère. Guy n'achète pas de cadeau. Birago est _____ égoïste que Guy.
   A. plus
   B. aussi
   C. moins

D Gilles is describing his family members. Complete the sentence with the correct comparative based on the given information. *(5 points)*

1. Mon cousin est _____ son frère. *(petit / +)*

2. Mes sœurs sont _____ ma mère. *(bavard / –)*

3. Ma tante est _____ mon oncle. *(généreux / =)*

4. Mon frère Henri est _____ ma tante Sophie. *(timide / =)*

5. Mes sœurs sont _____ moi. *(passionné de football / –)*

Culture

A Indicate the most logical associations. One item will NOT have a match. *(8 points)*

- A. Provence
- B. Bretagne
- C. calu
- D. Marseille
- E. escagassé
- F. pitchoun
- G. Saint-Rémy-de-Provence
- H. pardi
- I. Rouget de Lisle

_____ 1. Van Gogh

_____ 2. la ratatouille, la salade niçoise

_____ 3. deuxième ville de France

_____ 4. la Marseillaise

_____ 5. un petit garçon

_____ 6. les crêpes

_____ 7. personne bête

_____ 8. bien sûr

Communication

A Answer the question in a complete sentence. Mention three items appropriate for the meal in question. If you need to, write down notes before you answer the question in an oral presentation. *(3 points)*

Qu'est-ce que tu aimes prendre pour le petit déjeuner?

_____

_____

_____

B Describe yourself in comparison to another member of your family or to a friend who is of the opposite sex. Use at least three different comparatives. If you need to, write down notes before you give your oral presentation. *(3 points)*

_____

_____

_____

C You've invited a French friend over for dinner and he wants to help by setting the table. Explain how you typically set the table at your house. Be sure you don't forget about any important items that ought to be on the table! If you need to, write down notes before your oral presentation. *(6 points)*

_____

_____

_____

_____

_____

_____

Unité 7

Leçon C Quiz

Vocabulary

A Fatima wants to download some music from the Internet. Put her actions in the logical order. *(6 points)*

A. First Action	D. Fourth Action
B. Second Action	E. Fifth Action
C. Third Action	F. Sixth Action

_____ 1. Elle ouvre le logiciel.

_____ 2. Elle ferme le logiciel.

_____ 3. Elle navigue sur le site web.

_____ 4. Elle démarre son ordinateur.

_____ 5. Elle télécharge la chanson.

_____ 6. Elle paie.

B Identify the item in the illustration. *(8 points)*

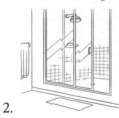

_____ 1.

A. C'est un placard.   B. C'est un lit.   C. C'est une souris.

_____ 2.

A. C'est un écran.   B. C'est une douche.   C. C'est une baignoire.

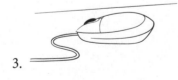

_____ 3.

A. C'est une souris.   B. C'est une clé USB.   C. C'est un logiciel.

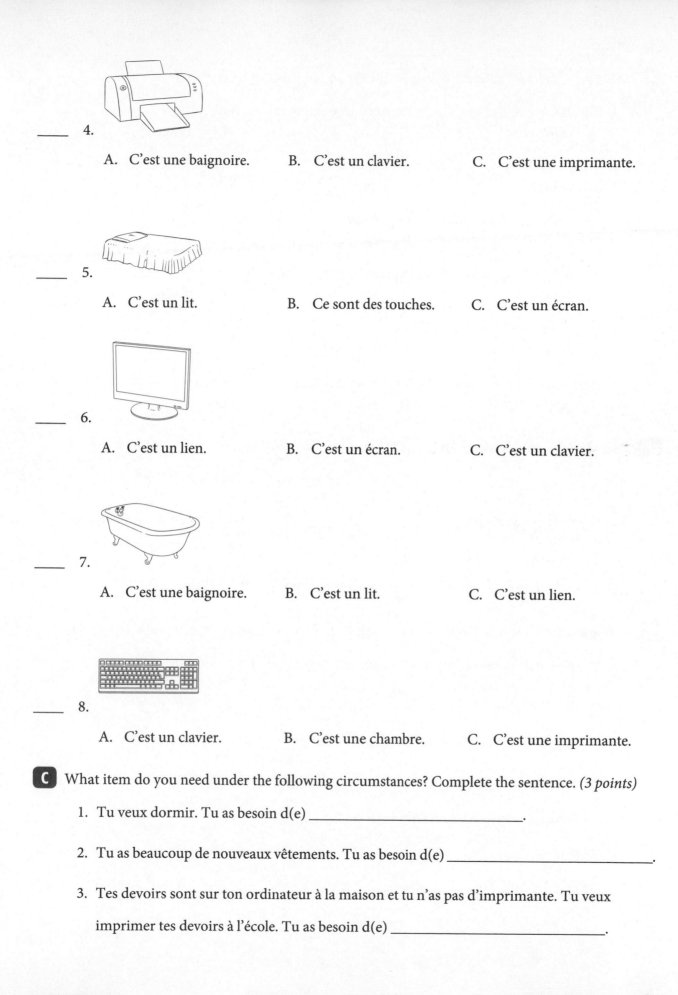

_____ 4.

    A. C'est une baignoire.   B. C'est un clavier.   C. C'est une imprimante.

_____ 5.

    A. C'est un lit.   B. Ce sont des touches.   C. C'est un écran.

_____ 6.

    A. C'est un lien.   B. C'est un écran.   C. C'est un clavier.

_____ 7.

    A. C'est une baignoire.   B. C'est un lit.   C. C'est un lien.

_____ 8.

    A. C'est un clavier.   B. C'est une chambre.   C. C'est une imprimante.

C What item do you need under the following circumstances? Complete the sentence. *(3 points)*

    1. Tu veux dormir. Tu as besoin d(e) _____.

    2. Tu as beaucoup de nouveaux vêtements. Tu as besoin d(e) _____.

    3. Tes devoirs sont sur ton ordinateur à la maison et tu n'as pas d'imprimante. Tu veux

        imprimer tes devoirs à l'école. Tu as besoin d(e) _____.

Structure

A Select the correct form of the verb **pouvoir** to complete the sentence. *(6 points)*

_____ 1. Nicolas, est-ce que tu _____ télécharger une chanson pour moi?

     A. peut   B. peux   C. peuvent

_____ 2. Ah non, je ne _____ pas acheter d'imprimante.

     A. peux   B. pouvons   C. peuvent

_____ 3. Nous ne _____ pas mettre le canapé dans la salle à manger!

     A. pouvons   B. peut   C. pouvez

_____ 4. Katherine _____ acheter une nouvelle lampe pour sa chambre.

     A. peut   B. peux   C. peuvent

_____ 5. _____-vous mettre le couvert?

     A. Pouvez   B. Peux   C. Pouvons

_____ 6. Mes grands-parents ont quatre-vingt-six ans. Ils ne _____ pas habiter au sixième étage!

     A. peut   B. peux   C. peuvent

B Complete the sentence with the correct form of **pouvoir**. *(3 points)*

1. _____-on acheter ce nouveau logiciel?

2. Mélanie et Cyrille ne _____ pas comprendre le professeur d'espagnol.

3. Moi, je ne _____ pas bien dormir dans ma chambre.

C Complete the answer to the question with the logical pronoun and form of **pouvoir**. *(8 points)*

1. —Salut, Fatou. Est-ce que je peux faire mes devoirs sur ton ordinateur?

   —Oui, bien sûr, _____!

2. —Magali et David, est-ce que vous pouvez venir avec nous au cinéma?

   —Oui, _____ aller au cinéma avec vous.

3. —Tu peux mettre la clé USB sur la table?

   —Oui, _____.

4. —Pouvons-nous démarrer les ordinateurs, monsieur?

   —Oui, _____.

Culture

A Select the correct phrase or word to accurately complete the statement. *(8 points)*

_____ 1. **Tout, tout de suite** refers to _____.
   A. how young French people approach technology
   B. **le Grand Dérangement**
   C   zydeco music

_____ 2. _____ is a type of music from Louisiana.
   A. *Peer to peer*
   B. **Un frottoir**
   C   Zydeco

_____ 3. There is an average of _____ "screens" per French family.
   A. two
   B. five
   C   ten

_____ 4. The accordion and _____ are instruments typical of Cajun music.
   A. the piano
   B. the guitar
   C. the washboard

_____ 5. The only province in Canada that is officially bilingual is _____.
   A. New Brunswick
   B. Quebec
   C. Ontario

_____ 6. During **le Grand Dérangement**, _____.
   A. the Acadians chased the British out of Canada
   B. the British chased the Acadians out of Louisiana
   C. the British chased the Acadians out of Canada

_____ 7. Natasha St. Pier is a popular _____.
   A. singer from New Brunswick
   B. Cajun singer
   C. singer from Quebec

_____ 8. The province of Quebec is _____.
   A. officially French-speaking
   B. officially biligual
   C. where Cajun people live

Communication

A Answer the following question. Mention at least four items and use complete sentences. If you need to, write down notes before your oral presentation. *(2 points)*

Qu'est-ce qu'il y a dans ta chambre et dans ta salle de bains?

_____

_____

_____

_____

B What does the ideal computer station have, in your opinion? Include at least four items in your description. If you need to, write down notes before your oral presentation. *(2 points)*

_____

_____

_____

_____

C You have to type up a report on some research your French instructor assigned as homework. How do you get that done using your computer? Describe four things you must do, in the correct sequence. If you need to, write down notes before your oral presentation. *(4 points)*

_____

_____

_____

_____

_____

Unité 8

Leçon A Quiz

Vocabulary

A Indicate the sound you associate with this animal. *(5 points)*

_____ 1. un cheval
    A. Hi-hi-hi!
    B. Cui cui!
    C. Miaou!

_____ 2. un oiseau
    A. Hi-hi-hi!
    B. Cui cui!
    C. Miaou!

_____ 3. un chien
    A. Ouaf ouaf!
    B. Cui cui!
    C. Miaou!

_____ 4. un chat
    A. Hi-hi-hi!
    B. Cui cui!
    C. Miaou!

_____ 5. un poisson rouge
    A. Miaou!
    B. Cui cui!
    C. Glou glou!

B Complete the sentence with the most logical season. Do not forget the preposition. *(4 points)*

1. _____, à Nice, il fait chaud et il y a du soleil. La température est entre vingt-huit et trente-deux degrés.

2. _____, à Québec, il neige et on a froid. On aime regarder des DVD à la maison.

3. _____, en mars et en avril, à Paris, il pleut souvent.

4. _____, il y a la fête d'Halloween. Il fait frais et il y a du vent.

What is the weather like in France today? Select the correct sentence to describe the weather conditions in each city. One city will NOT have a match. *(6 points)*

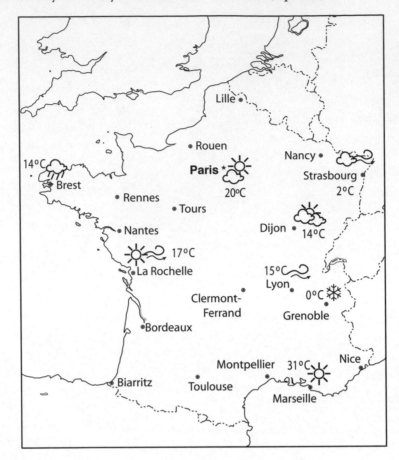

A. Marseille
B. Strasbourg
C. Dijon
D. Grenoble

E. Paris
F. Lyon
G. Brest

_____ 1. Il fait frais et il pleut aujourd'hui.

_____ 2. Il neige et il fait froid.

_____ 3. La température est de quinze degrés et il y a du vent.

_____ 4. Il fait beau aujourd'hui et la température est de vingt degrés.

_____ 5. Il fait du soleil et on a chaud.

_____ 6. Il fait mauvais. Il fait froid et il y a du vent mais il ne neige pas.

Structure

A Complete the sentence with the correct form of the verb **faire**. *(8 points)*

1. En été, mes amis et moi, nous _____ des promenades à vélo.

2. Ping, est-ce que tu _____ du sport en automne?

3. Paul et Léa _____ un gâteau au chocolat pour l'anniversaire de leur mère.

4. Est-ce qu'on _____ du ski au Canada en hiver?

5. Vous _____ les devoirs de maths?

6. Hervé _____ du roller avec ses copains.

7. Moi, je _____ du footing quand il fait frais.

8. Mes amies? Non, elles ne _____ pas de sport en hiver.

B Indicate whether the second statement is logical or not. *(7 points)*

_____ 1. À Toulouse, la température est de trente-quatre degrés.
Nous avons froid!

_____ 2. Je joue au foot avec des copains à trois heures.
J'ai besoin de mon maillot et de mes chaussures.

_____ 3. C'est l'hiver. Il fait mauvais et il neige.
Solène a chaud!

_____ 4. Il pleut et je ne ne veux pas sortir.
J'ai envie de faire une promenade.

_____ 5. Il faid chaud. Je vais prendre une limonade.
J'ai faim.

_____ 6. C'est l'anniversaire de Monique.
Elle a huit ans.

_____ 7. Bonjour, monsieur. Pour moi, un croque-monsieur et des frites.
J'ai faim!

Culture

A Select the correct term or expression to complete the sentence correctly. *(10 points)*

_____ 1. Paris is divided into two sections: **la rive droite** and **la rive** _____.

      A. **île de la Cité**   B. **gauche**   C. Lutèce

_____ 2. The Notre-Dame cathedral can be found on _____.

      A. **l'île de la Cité**   B. **la rive gauche**   C. **la rive droite**

_____ 3. Louis XIV is associated with _____.

      A. **la tour Eiffel**   B. **les Invalides**   C. **le Centre Pompidou**

_____ 4. Paris was first called _____.

      A. Parisii   B. Lutèce   C. Seine

_____ 5. **La galette des rois** is associated with _____.

      A. **l'Épiphanie**   B. Christmas   C. Louis XV

_____ 6. **Religieuses** and _____ are pastries typically found in French pastry shops year round.

      A. **millefeuilles**   B. Angelina   C. **bûches de Noël**

_____ 7. Haiti is located in the _____ part of the island of Hispaniola.

      A. southern   B. northern   C. western

_____ 8. In 2010, Haiti was devastated by a(n) _____.

      A. hurricane   B. earthquake   C. tsunami

_____ 9. Colorful artwork can be found everywhere in Haiti, including the _____.

      A. buses   B. harbor   C. university

_____ 10. The _____ was built during the presidency of president François Mitterand.

      A. Louvre pyramid   B. Eiffel tower   C. Notre-Dame

Communication

A Imagine you received the text below from a French friend. Respond appropriately, using complete sentences. If you need to, write down notes before presenting your response orally. *(2 points)*

Il fait beau aujourd'hui. Tu as envie de faire du vélo avec moi?

_____

_____

_____

_____

_____

B What is the weather like in the winter where you live? Present your description orally, making sure to tell what you typically do that time of year. If you need to, write down notes before your presentation. *(2 points)*

_____

_____

_____

_____

_____

C What is your favorite season? Why? Make sure to answer in complete sentences and, if you need to, write down notes before you present your response orally *(2 points)*

_____

_____

_____

_____

_____

D A friend invited you to go to the movies but you already have plans. Let her know you are not free and suggest the two of you do something else over the weekend. If you need to, write down notes before presenting your response orally. *(2 points)*

_____

_____

_____

_____

_____

E A friend wants to get a new pet but she's not sure what kind. Give her your opinion and explain why you think the animal you're suggesting is the best pet for her. If you need to, write down notes before presenting your suggestion orally. *(2 points)*

_____

_____

_____

_____

_____

Unité 8

Leçon B Quiz

Vocabulary

A The Latour family is visiting Paris this week. Match each sentence on the next page with the correct place or feature shown below. One item will NOT have a match. *(8 points)*

A.

F.

B.

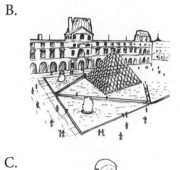

G.

C.

LE PENSEVR

H.

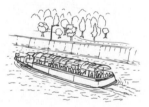

D.

I.

E.

_____ 1. À Paris, on a vu de belles statues.

_____ 2. L'aéroport de Paris est très grand!

_____ 3. Le premier jour, nous avons fait une promenade sur le Pont-Neuf.

_____ 4. Pour rentrer à la maison, on a pris le train à la gare de Lyon.

_____ 5. Nous avons fini à la cathédrale de Notre-Dame.

_____ 6. Nous avons beaucoup aimé le musée.

_____ 7. On a eu besoin d'argent. Mon père a pris cinquante euros à la banque.

_____ 8. On a pris un bon déjeuner dans un restaurant du Marais.

Structure

A Select the correct verb form to complete the sentence in the **passé composé**. *(6 points)*

_____ 1. Madame Signoret _____ son mari à Monsieur Dupont.

    A. ai présenté   B. a présenté   C. ont présenté

_____ 2. Moi, j'_____ le croque-monsieur du Café des Artistes.

    A. ai préféré   B. as préféré   C. a préféré

_____ 3. Noah, est-ce que tu _____ son cadeau d'anniversaire à Juliette?

    A. as donné   B. a donné   C. avez donné

_____ 4. Nous _____ les devoirs pour lundi.

    A. avez fini   B. as fini   C. avons fini

_____ 5. Jacques et Sylvie _____ le train à la gare.

    A. ont attendu   B. a attendu   C. avez attendu

_____ 6. Vous _____ votre vélo?

    A. avez vendu   B. ont vendu   C. as vendu

B Complete the sentence with the **passé composé** of the verb in parentheses. *(10 points)*

1. Samedi, on _____ le Louvre. *(visiter)*

2. Nous _____ un café aux Deux Magots. *(prendre)*

3. Thomas _____! *(grandir)*

4. Oh non! J'_____ vingt euros! *(perdre)*

5. Dimanche, vous _____ une promenade sur les Champs-Élysées? *(faire)*

6. Hier, Sarah _____ une belle robe noire pour sortir. *(mettre)*

7. Samedi, tu _____ le Louvre? *(visiter)*

8. Nous _____ faire une promenade en bateau-mouche. *(pouvoir)*

9. Hier, il a fait mauvais et il _____. *(pleuvoir)*

10. Clara et Marc _____ un chapeau à Marianne. *(offrir)*

C Indicate where you would put the following adjective in the sentence below. The blank represents the correct placement of the adjective. *(4 points)*

_____ 1. joli

  A. Nous avons acheté un _____ pull noir.

  B. Nous avons acheté un pull noir _____.

  C. Nous avons acheté _____ un pull noir.

_____ 2. petit

  A. Je voudrais _____ avoir un chien.

  B. Je voudrais avoir un _____ chien.

  C. Je voudrais avoir un chien _____.

_____ 3. grand

  A. Mon _____ frère a un nouveau vélo.

  B. Mon frère _____ a un nouveau vélo.

  C. Mon frère a un nouveau _____ vélo.

_____ 4. paresseux

  A. Pierre? C'est un garçon _____ de l'école Victor Hugo.

  B. Pierre? C'est un _____ garçon de l'école Victor Hugo.

  C. Pierre? C'est _____ un garçon de l'école Victor Hugo.

D Complete the sentence with the correct form of the adjective in parentheses. *(4 points)*

1. Ce _____ hôtel est grand! *(nouveau)*

2. Notre-Dame? C'est une _____ cathédrale. *(vieux)*

3. Ton chien? C'est un _____ animal! *(beau)*

4. Nous avons vu une _____ statue sur la place de la Libération. *(beau)*

Culture

A Complete the sentence with the appropriate term or name based on what you learned in **Leçon B**. *(8 points)*

1. The construction of Notre-Dame took _____ centuries.

2. _____ is a famous character in Victor Hugo's work *The Hunchback of Notre-Dame*.

3. _____ had a famous monument built at the center of the **Place de l'Étoile**.

4. The _____ is the universal symbol of Paris.

5. The Eiffel tower is _____ meters tall.

6. Approximately _____ million people visit Notre-Dame every year.

7. The Eiffel tower is repainted every _____ years.

8. The Eiffel tower was built in _____.

Communication

A Answer the question in a complete sentence. Use the **passé composé** in your answer. If you need to, write down notes before your oral presentation. *(2 points)*

Qu'est-ce que tu as fait hier?

_____

_____

_____

_____

B Imagine you're visiting Paris and you get lost. How would you politely ask someone how to get to the Eiffel tower? If you need to, write down notes before your oral presentation. *(2 points)*

_____

_____

_____

_____

_____

C Imagine you and your family (or a group of friends) just spent a few days in Paris. Using the **passé composé** and mentioning at least six sites and/or activities, describe what you did and saw in Paris to a friend or a relative. If you need to, write down notes before your oral presentation. *(6 points)*

_____

_____

_____

_____

_____

Unité 8

Leçon C Quiz

Vocabulary

A Answer the following question about Elsa's life, in French, based on the illustrations in her photo album. You do not need to write complete sentences. *(8 points)*

Me voici à Paris le mois dernier, ma mère et moi, nous avons visité le Louvre, Notre-Dame et la tour Eiffel.

L'année dernière, nous avons mangé au restaurant pour l'anniversaire de mon petit frère. Il a eu 6 ans.

Le week-end dernier, mes parents ont offert un petit chien à mon frère.

Hier soir, on a écouté de la musique et on a bien dansé à la teuf de mon ami Lucas.

Ce matin, il a fait beau et mon père et moi, on a fait une promenade à vélo.

1. Quand est-ce qu'Elsa et sa mère ont visité Paris?

   _____

2. Quel temps a-t-il fait aujourd'hui?

   _____

3. Quand est-ce que Lucas, l'ami d'Elsa, a fait une fête?

   _____

4. Qui a eu un beau cadeau le weekend dernier?

   _____

5. Quand est-ce que la famille d'Elsa a eu un chien?

   _____

6. Quand est-ce qu'Elsa et sa famille ont mangé au restaurant?

   _____

7. Qui a eu six ans l'année dernière?

   _____

8. Qu'est-ce qu'Elsa et son père ont fait ce matin?

   _____

Structure

A Which helping verb is used to conjugate the following verb in the **passé composé**? Select the correct helping verb. *(6 points)*

_____ 1. aller
   A. avoir
   B. être

_____ 2. pouvoir
   A. avoir
   B. être

_____ 3. faire
   A. avoir
   B. être

_____ 4. sortir
   A. avoir
   B. être

_____ 5. pleuvoir
   A. avoir
   B. être

_____ 6. monter
   A. avoir
   B. être

B Select the correct form of the past participle to complete the sentence. *(6 points)*

_____ 1. Lola et Karine sont _____ à Lille hier soir.
   A. allées   B. allée   C. allé

_____ 2. Salima, tu as _____ tes devoirs?
   A. finie   B. fini   C. finis

_____ 3. Jules et Patrick sont _____ du métro à Belleville.
   A. descendu   B. descendus   C. descendues

_____ 4. Isabelle a _____ un sandwich au jambon.
   A. mangé   B. mangés   C. mangée

_____ 5. Nathalie est _____ à la maison à six heures.
   A. rentrée   B. rentrées   C. rentré

_____ 6. Stéphane et Karim, vous êtes _____ chez Monique samedi dernier?
   A. retournées   B. retourné   C. retournés

C Complete the sentence with the **passé composé** of the verb in parentheses. Note that **être** is used as the helping verb. *(14 points)*

1. Les filles _____ avec leurs copines. *(sortir)*

2. Mon père et ma mère _____ à la tour Eiffel. *(monter)*

3. Et toi, Ahmed, tu _____ dans le Louvre? *(entrer)*

4. Madame Okino? Elle _____ à l'aéroport à six heures. *(arriver)*

5. Anna, Luc et moi, nous _____ au cinéma hier soir. *(aller)*

6. Et vous, les filles, vous _____ avec des copines samedi dernier? *(sortir)*

7. Monsieur Li _____ professeur d'anglais en 2012. *(devenir)*

D Indicate where you would place the following adverb in this sentence. The blank stands for the position of the adverb. *(2 points)*

_____ 1. déjà
   A. Les filles, avez-vous _____ mangé la salade?
   B. Les filles, _____ avez-vous mangé la salade?
   C. Les filles, avez-vous mangé _____ la salade?

_____ 2. enfin
   A. Est-ce que Thomas est allé en Afrique l'année dernière _____?
   B. Est-ce que Thomas est _____ allé en Afrique l'année dernière?
   C. Est-ce que Thomas est allé _____ en Afrique l'année dernière?

Culture

A Select the correct phrase or word to accurately complete the statement. There may be more than one correct answer. *(8 points)*

_____ 1. Le jardin des Tuileries est entre la Place de la Concorde et _____.
   A. le Louvre
   B. la tour Eiffel
   C. Notre-Dame

_____ 2. Au jardin des Tuileries, on aime _____.
   A. jouer au ballon
   B. nager
   C. faire des promenades

_____ 3. À Paris, il y a seize _____.
   A. lignes de métro
   B. cathédrales
   C. gares

_____ 4. Le métro de Paris est _____.
   A. rapide
   B. bon marché
   C. petit

_____ 5. On peut voir le style _____ dans le métro de Paris.
   A. art nouveau
   B. gothique
   C. art moderne

_____ 6. Une "bouche" est un(e) _____.
   A. ligne de métro
   B. station de métro
   C. ticket de métro

_____ 7. Au jardin des Tuileries, on peut voir des _____.
   A. fleurs
   B. statues
   C. poneys

_____ 8. Il y a _____ stations de métro à Paris.
   A. 297
   B. 307
   C. 347

Communication

A Answer the following question. Mention at least two things you did, when you did each one, and use complete sentences in the **passé composé**. If you need to, write down notes before your oral presentation. *(2 points)*

Qu'est-ce que tu as fait la semaine dernière?

_____

_____

_____

_____

_____

B When was the last time you visited a famous monument or other place of interest in your area? Describe your visit there using the **passé composé** and appropriate expressions of time. Say four sentences and, if you need to, write down notes before your oral presentation. *(2 points)*

_____

_____

_____

_____

_____

C Imagine you're spending a month in Paris and you just took the subway for the first time to go visit the Picasso museum. Describe your experience taking the subway using the **passé composé**. If you need to, write down notes before your oral presentation.*(2 points)*

_____

_____

_____

_____

_____

Unité 9

Leçon A Quiz

Vocabulary

A Select the body part that is logically associated with the following. *(5 points)*

_____ 1. la jambe

    A. le genou   B. les yeux   C. la poitrine

_____ 2. le corps

    A. les dents   B. le dos   C. le nez

_____ 3. la figure

    A. l'oreille   B. le genou   C. l'estomac

_____ 4. le bras

    A. l'œil   B. la tête   C. l'épaule

_____ 5. la bouche

    A. les dents   B. le doigt de pied   C. la main

B What actions do you associate with the following body parts? Indicate the logical matches. One item will NOT have a match. *(6 points)*

    A. écrire un e-mail   E. écouter de la musique

    B. voir de beaux monuments   F. acheter des chaussettes

    C. boire de l'eau   G. mettre un chapeau

    D. aller chez le dentiste

_____ 1. la bouche

_____ 2. l'oreille

_____ 3. les yeux

_____ 4. les dents

_____ 5. le pied

_____ 6. la tête

C Jeanne, a 5-year-old girl, drew this portrait of an imaginary extraterrestrial. Indicate whether the following statement is true or false. If it is false, correct it in French. You do not need to write a complete sentence. *(11 points)*

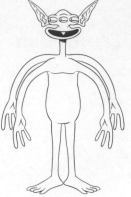

_____ 1. Il a une petite tête.

_____

_____ 2. Il a trois yeux.

_____

_____ 3. Dans sa bouche, il y a beaucoup de dents.

_____

_____ 4. Sa tête a deux grandes oreilles mais elle n'a pas de nez.

_____

_____ 5. Il a un petit cou.

_____

_____ 6. Il a quatre bras et quatre mains.

_____

_____ 7. Il a deux doigts à chaque main.

_____

_____ 8. Son corps a deux jambes.

_____

_____ 9. Au bout de ses jambes, il a des pieds.

_____

_____ 10. Il n'a pas de doigts de pied.

_____

_____ 11. Son corps est petit.

_____

Structure

A Everyone is giving Nader some advice today. Indicate whether the following is good advice (**oui**) or not (**non**). *(4 points)*

_____ 1. Il faut boire beaucoup de café.

_____ 2. Il ne faut pas faire ses devoirs.

_____ 3. Il faut faire du sport.

_____ 4. Il ne faut pas être méchant avec ses amis.

B Complete the sentence in the affirmative or negative with the verb **falloir**. *(2 points)*

1. _____ mettre un manteau quand il fait froid.

2. _____ aller dans un beau restaurant en jean.

C Based on what your friend is telling you, write two sentences with **falloir**, one affirmative and one negative, to let him/her know what to do based on the cues. *(8 points)*

1. Pauline: Je grossis.
   manger de la salade / manger des hamburgers

   _____

   _____

2. Henri: Je suis paresseux.
   dormir / travailler

   _____

   _____

3. Thuy: Je voudrais avoir beaucoup d'amis.
   sortir en ville / rester à la maison

   _____

   _____

4. Aminata: C'est l'été et il fait chaud. Je vais aller nager.
   mettre ton maillot de bain / prendre ton manteau

   _____

   _____

Culture

A Indicate whether the following statement is true or false. Correct it in English if it is false. *(8 points)*

_____ 1. **La sécu** is a system of collective health insurance.

_____

_____ 2. **La sécu** is financed by workers and companies.

_____

_____ 3. French people usually only see specialists for medical care.

_____

_____ 4. All French hospitals are public hospitals.

_____

_____ 5. Évian and Vittel are cities associated with **thermalisme**.

_____

_____ 6. **Thermalisme** is the name of a national health program in France.

_____

_____ 7. Today, new French restaurant chains are offering healthy alternatives to fast food.

_____

_____ 8. **Thermalisme** uses mineral waters to treat health conditions.

_____

Communication

A Describe the face and body of a funny-looking imaginary creature. Make sure to use four sentences and be creative. If you need to, write down notes before your oral presentation. *(2 points)*

_____

_____

_____

_____

B What should one do to succeed at school? Give four pieces of advice using **il faut**. If you need to, write down notes before your oral presentation. *(2 points)*

_____

_____

_____

_____

C What should one do and not do to be in good health? Give four pieces of advice using **il faut** twice and **il ne faut pas** twice. If you need to, write down notes before presenting your suggestions orally. *(2 points)*

_____

_____

_____

_____

Unité 9

Leçon B Quiz

Vocabulary

A No one is feeling well today. Indicate what is wrong with these people by matching each image with the correct sentence on the next page. One item will NOT have a match. *(8 points)*

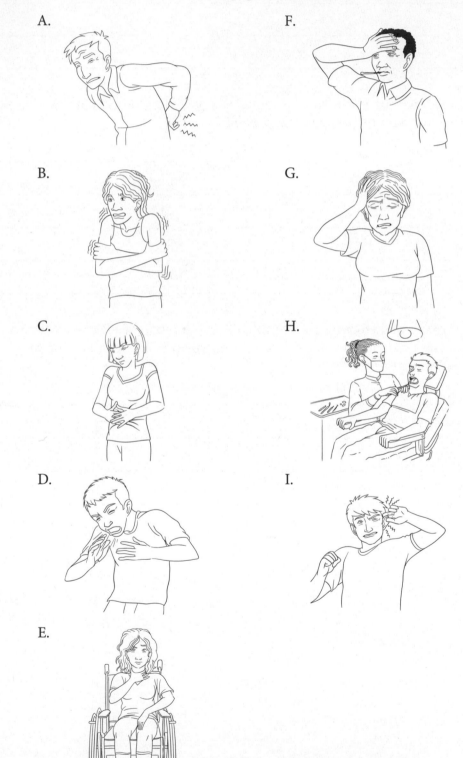

A.

B.

C.

D.

E.

F.

G.

H.

I.

_____ 1. J'ai mal aux dents. Qu'est-ce que vous me conseillez?

_____ 2. Vous avez mal au ventre?

_____ 3. Oh là là! J'ai mal au dos.

_____ 4. Vous avez de la fièvre. À mon avis, c'est la grippe!

_____ 5. Moi, j'ai mal à la tête ce soir.

_____ 6. Qu'est-ce qui ne va pas? Vous avez mal à la gorge?

_____ 7. Tu as des frissons?

_____ 8. J'ai mal à l'oreille.

B Select the description that does NOT fit in with the others. *(4 points)*

_____ 1. A. Bérénice est malade.
      B. Bérénice a mauvaise mine.
      C. Bérénice est en bonne forme.

_____ 2. A. Alice a la grippe.
      B. Alice a de la fièvre.
      C. Alice a bonne mine.

_____ 3. A. Julien a un rhume.
      B. Julien est en forme.
      C. Julien a bonne mine.

_____ 4. A. Carmen est malade.
      B. Carmen est en forme.
      C. Carmen a mal au cœur.

Structure

A Select the correct imperative form to complete the sentence correctly based on the given pronoun. *(6 points)*

_____ 1. _____ tes devoirs, Maxime! *(tu)*

     A. Finis   B. Finissez   C. Finissons

_____ 2. _____ vos légumes, les enfants! *(vous)*

     A. Mangez   B. Mangeons   C. Mange

_____ 3. _____ ta mère, Marie-Claire! *(tu)*

     A. Attendons   B. Attends   C. Attendez

_____ 4. _____ au cinéma ce soir! *(nous)*

     A. Allez   B. Va   C. Allons

_____ 5. _____ le professeur! *(nous)*

     A. Écoutons   B. Écoute   C. Écoutez

_____ 6. _____ du sport après l'école! *(vous)*

     A. Faisons   B. Faites   C. Fais

B Friends are discussing plans and you don't like their ideas. Tell them using an imperative. *(6 points)*

1. —Nous vendons nos vélos à des amis.
   —Non, _____ vos vélos!

2. —Moi, je prends un café avec Nadia.
   —Non, _____ de café avec elle!

3. —Toi et moi, nous jouons au basket?
   —Non, _____ au basket!

4. —J'envoie un texto à Yen?
   —Non, _____ de texto à Yen!

5. —Vous dormez à la bibliothèque?
   —Non, _____ pas à la bibliothèque!

6. —Patrice et moi, nous sortons avec des amis samedi soir?
   —Non, _____ samedi soir!

What would you tell your friend Sabine if she said the following to you? Use an imperative. Be creative! *(6 points)*

1. J'ai eu 4/20 à l'examen d'histoire.

   _____

2. Mon copain et moi, nous n'avons pas d'argent pour sortir.

   _____

3. Toi et moi, nous n'avons pas bonne mine.

   _____

4. C'est l'anniversaire de ma mère samedi.

   _____

5. Toi et moi, nous ne sommes pas en bonne forme et nous avons grossi.

   _____

6. Ma mère et moi, nous partons à Tahiti en juillet!

   _____

Culture

A Select the correct sentence completion based on what you learned in **Leçon B**. *(10 points)*

_____ 1. The term **accompagnateurs** refers to _____.

    A. people infected with AIDS
    B. hospital doctors
    C. workers who travel to the homes of people who are sick to bring them medicine

_____ 2. Rwanda is a former colony of _____.

    A. Belgium
    B. France
    C. Switzerland

_____ 3. It is sometimes hard for people who are sick to get appropriate medical care in Rwanda because they _____.

    A. have no access to hospitals
    B. have no money to pay for the care
    C. have incurable illnesses

_____ 4. In Rwanda, kinyarwanda is _____.

    A. the national language
    B. taught as a second language in school
    C. the main educational language

_____ 5. AIDS and HIV have been an issue in Rwanda since _____.

    A. 1983
    B. 1995
    C. 2008

_____ 6. In Rwanda, _____ are affected by HIV the most.

    A. women
    B. children
    C. Both A and B

_____ 7. The capital of Rwanda is _____.

    A. Kigali
    B. Kinyarwanda
    C. Tutsi

_____ 8. Rwanda gained its independence in _____.

    A. 1957
    B. 1960
    C. 1962

_____ 9. The population of Rwanda is about _____.

    A. 3 million
    B. 8 million
    C. 12 million

_____ 10. In 1994, there was a _____ in Rwanda.

    A. large increase in HIV-related illnesses
    B. civil war between two groups
    C. major change in the educational system

Communication

 A Your friend Susie has been staying up late to study for several important exams. She has not been eating well, nor exercising enough, and today she is not looking well. Express your concerns and ask her what's wrong. Give her some advice about what she should do in order to feel better. You should say four sentences and use the imperative. If you need to, write down notes before your oral presentation. *(4 points)*

_____

_____

_____

_____

_____

_____

B Monsieur Ibrahim is sick today, so he goes to the doctor. Invent a conversation between the two of them. Monsieur Ibrahim should describe his symptoms and ask for advice. The doctor should give a diagnosis and give Monsieur Ibrahim some appropriate advice. Your dialogue should have at least six exchanges. If you need to, write down some notes before presenting the conversation orally. *(6 points)*

_____

_____

_____

_____

_____

_____

Unité 9

Leçon C Quiz

Vocabulary

A Identify and indicate the cause-and-effect relationships in the two sets below. One item will NOT have a match. *(5 points)*

- A. l'effet de serre
- B. les marées noires
- C. le dioxyde de carbone

- D. les éoliennes
- E. l'engrais chimique
- F. l'énergie nucléaire

_____ 1. causer des problèmes respiratoires

_____ 2. polluer les océans

_____ 3. causer de la radiation

_____ 4. réchauffer la planète

_____ 5. polluer les fleuves

B Select the image that illustrates the sentence below. There may be more than one answer. *(7 points)*

_____ 1. Pour sauvegarder les animaux, il faut protéger les espaces sauvages.

A.   B.   C.

_____ 2. Je pense qu'on doit faire des efforts pour combattre l'effet de serre.

A.    B.    C.

T'es branché? 1, Quizzes

_____ 3. Il faut remplacer l'engrais chimique par l'engrais biologique.

A.   B.   C.

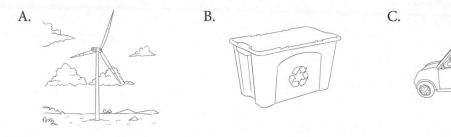

_____ 4. Pour arrêter la pollution, je suis prêt à recycler et à circuler en voiture électrique.

A.   B.   C.

_____ 5. Il faut faire marcher les usines avec des éoliennes.

A.   B.   C.

_____ 6. Moi, je vais faire installer des panneaux solaires sur mon toit.

A.   B.   C.

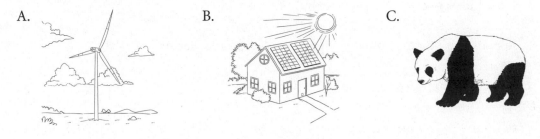

_____ 7. Je pense qu'on doit protéger les animaux en voie de disparition.

A.   B.   C.

Structure

A For each item, select a logical infinitive that could be inserted in the blank in the sentence. One item will NOT have a match. *(6 points)*

> A. circuler
> B. s'engager
> C. visiter
> D. causer
> E. réchauffer
> F. polluer
> G. faire

_____ 1. Aimez-vous _____ des lieux sauvages en été?

_____ 2. Il ne faut pas _____ les océans et les fleuves.

_____ 3. L'effet de serre va _____ la planète.

_____ 4. Je pense qu'on doit tout _____ pour sauvegarder la planète.

_____ 5. L'énergie nucléaire peut-elle _____ la radiation?

_____ 6. On doit _____ pour sauvegarder la planète.

B Indicate where you would insert the following infinitive in the sentence below. The blank stands for the placement of the infinitive. *(6 points)*

_____ 1. utiliser

> A. Il ne faut _____ pas d'engrais chimiques.
> B. Il ne faut pas _____ d'engrais chimiques.
> C. Il ne faut pas d'engrais chimiques _____.

_____ 2. recycler

> A. Sylvie, est-ce que tu peux _____ les bouteilles en plastique?
> B. Sylvie, est-ce que tu _____ peux les bouteilles en plastique?
> C. Sylvie, est-ce que _____ tu peux les bouteilles en plastique?

_____ 3. circuler

> A. Aimez-vous avec votre nouvelle voiture hybride _____?
> B. Aimez-vous _____ avec votre nouvelle voiture hybride?
> C. Aimez _____-vous avec votre nouvelle voiture hybride?

_____ 4. acheter

    A. Mes parents _____ vont des panneaux solaires pour notre maison.

    B. Mes parents vont des panneaux solaires _____ pour notre maison.

    C. Mes parents vont _____ des panneaux solaires pour notre maison.

_____ 5. protéger

    A. Comment? Tu ne veux pas _____ les animaux en voie de disparition?

    B. Comment? Tu ne _____ veux pas les animaux en voie de disparition?

    C. Comment? Tu ne veux pas les animaux _____ en voie de disparition?

_____ 6. manger

    A. Chez moi, on préfère des légumes biologiques _____.

    B. Chez moi, _____ on préfère des légumes biologiques.

    C. Chez moi, on préfère _____ des légumes biologiques.

C Select the article that correctly completes the sentence. *(8 points)*

_____ 1. Je voudrais _____ légumes biologiques, s'il vous plaît.

    A. le   B. de   C. des

_____ 2. Il n'y a plus _____ ours dans les espaces sauvages.

    A. d'   B. des   C. de

_____ 3. L'usine de Monsieur Martin marche avec _____ grandes éoliennes.

    A. une   B. des   C. de

_____ 4. On ne doit plus avoir _____ marées noires dans les océans.

    A. des   B. les   C. de

_____ 5. Le magasin de mon oncle vend _____ panneaux solaires.

    A. des   B. un   C. de

_____ 6. Les tigres? Ce sont _____ beaux animaux en voie de disparition.

    A. des   B. les   C. de

_____ 7. Est-ce que les Karanga ont acheté _____ voitures hybrides?

    A. des   B. les   C. de

_____ 8. Moi, je ne veux pas _____ engrais chimiques chez moi!

    A. d'   B. les   C. des

Culture

A Select the correct answer to the question. *(9 points)*

_____ 1. What is **la souris verte**?
   A. an online magazine about the protection of the environment
   B. a green political party
   C. an association of young people whose goal is to protect the planet

_____ 2. When did the green movement first begin?
   A. in the 1950s
   B. in the 1960s
   C. in the 1970s

_____ 3. Who are **les jeunes verts**?
   A. the French green political party
   B. a group of young people who promote ecology
   C. a Parisian organization that promotes the use of public transportation

_____ 4. Which of the following does NOT describe a typical member of the green party?
   A. urban
   B. intellectual
   C. older

_____ 5. Where is the green party active in addition to the national level?
   A. regional level
   B. municipal level
   C. Both a and b are correct.

_____ 6. What is **Vélib'**?
   A. a bicycle rental service
   B. the Paris public transportation system
   C. a form of carpooling

_____ 7. How does **Vélib'** work?
   A. You buy a special metro ticket you can share with friends and family.
   B. You rent a bicycle and return it to any station.
   C. You rent a car and return it to any station.

_____ 8. When did **Vélib'** first start operating?
   A. in 2005
   B. in 2007
   C. in 2009

_____ 9. About how many **Vélib'** stations are there?
   A. 200
   B. 800
   C. 1,200

Communication

A In your opinion, what is the most important issue with regards to the environment today? Give your opinions on this question, making sure to explain the causes of the problems and their effects on the environment. You should say six sentences and, if you need to, you may write down notes before your oral presentation. *(3 points)*

_____

_____

_____

_____

_____

_____

B Norad has decided to become a member of **les jeunes verts**. React to his decision and ask him questions about how he plans to get involved. Then give him some advice regarding what he can personally do to help with the protection of the environment. You should say six sentences and, if you need to, you may write down notes before your oral presentation. *(3 points)*

_____

_____

_____

_____

_____

_____

C Patrick and Juliette have very different views regarding environmental issues. Whereas Patrick does not believe there are any serious problems, Juliette is very involved in the green movement. Invent a dialogue in which each person tries to convince the other that his/her point of view has more merit. Your dialogue should contain six exchanges. If you need to, write down notes before your oral presentation. *(3 points)*

_____

_____

_____

_____

_____

_____

Unité 10

Leçon A Quiz

Vocabulary

A Look at the map of Canada and select the correct answer to the question. More than one answer may be correct. *(6 points)*

_____ 1. Où est situé Toronto?

    A. dans le sud-est de l'Ontario
    B. au sud-ouest de Montréal
    C. dans le nord de l'Ontario

_____ 2. Où est le Nouveau-Brunswick?

    A. au nord-est de l'Île du Prince Édouard
    B. au nord du Québec
    C. à l'est du Québec

_____ 3. Où est située la capitale du Manitoba?

    A. dans le sud de la province
    B. dans le nord de la province
    C. dans le nord-ouest de la province

_____ 4. Où est l'Île du Prince Édouard?

    A. à l'ouest du Nouveau-Brunswick
    B. au sud-ouest de Terre-Neuve
    C. à l'ouest de la Nouvelle-Écosse

_____ 5. Qu'est-ce qu'il y a au sud-ouest du Nunavut?

    A. la Saskatchewan
    B. le Manitoba
    C. les Territoires du-Nord-Ouest

_____ 6. Où est située la capitale du Québec?

    A. dans le sud-est du Québec
    B. au nord-est de Montréal
    C. dans le nord du Québec

B Answer the question in French. You do not need to write a complete sentence. *(6 points)*

1. Comment s'appellent les habitants du Québec?

    _____

2. Quelles sont les couleurs du drapeau du Québec?

    _____

3. Quelle est la devise du Québec?

    _____

4. Quelle ville est la capitale du Québec?

    _____

5. Comment s'appelle le grand fleuve du Québec?

    _____

6. Quel état des États-Unis est au sud du Québec?

    _____

Structure

A Select the correct preposition to complete the sentence. *(8 points)*

_____ 1. La maison de ma famille est _____ États-Unis.

     A. à   B. en   C. aux

_____ 2. Mes cousins sont allés _____ Mali en juin.

     A. aux   B. en   C. au

_____ 3. Moi, je suis _____ France pour Noël.

     A. à   B. en   C. au

_____ 4. Ma famille vient _____ Québec.

     A. en   B. du   C. aux

_____ 5. Vous avez travaillé _____ Canada l'année dernière?

     A. au   B. du   C. aux

_____ 6. Les Tremblay sont _____ Toronto chez des amis.

     A. à   B. au   C. de

_____ 7. Nous allons partir _____ Côte d'Ivoire le 12 juin.

     A. en   B. au   C. à

_____ 8. Le Sénégal est _____ Afrique.

     A. à   B. en   C. au

B Complete the sentence with the appropriate preposition. *(12 points)*

1. Mon frère a envie d'aller _____ États-Unis.

2. Vous allez souvent _____ France?

3. Non, non, je ne suis pas d'Atlanta. Je viens _____ Baltimore.

4. L'aéroport Bush Intercontinental est _____ Houston.

5. Mon père va souvent _____ Luxembourg.

6. Je voudrais faire du ski _____ Suisse.

Culture

A Complete the sentence with the appropriate response based on what you learned in **Leçon A**. *(10 points)*

1. On appelle souvent le Québec _____.

2. Au Québec, on aime le sirop d'_____.

3. Au Québec, _____ est un petit magasin.

4. Le Québec est la plus _____ province du Canada.

5. Sur le drapeau du Québec, il y a quatre _____.

6. _____ sont un festival de musique.

7. À Québec, on peut voir le fleuve _____.

8. Montréal est la _____ ville du Canada après Toronto.

9. Aux FrancoFolies, on peut écouter plus de _____ chanteurs.

10. Le _____ donne son nom à la ville de Montréal.

Communication

A What have you learned about the province and people of Quebec? Say four complete sentences. If you need to, write down notes before your oral presentation. *(4 points)*

_____

_____

_____

_____

_____

_____

_____

B Imagine you're taking part in an exchange program with a **québécois** school. Marie, a student at that school, is going to be spending a semester at your school and will be staying with you. Introduce where you live by explaining where your state and hometown are located and give her two additional interesting pieces of information about your area. If you need to, write down notes before your oral presentation. *(4 points)*

_____

_____

_____

_____

_____

_____

_____

_____

Unité 10

Leçon B Quiz

Vocabulary

A Everyone went away for the weekend. Match each image with a description on the next page. One illustration will NOT have a match. *(7 points)*

A.
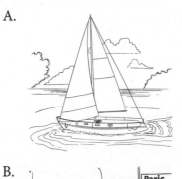

E.

B.

F.

C.

G.

D.

H.

_____ 1. Céline est allée au lac pour faire du bateau avec ses cousins.

_____ 2. La famille de Nadja a passé le weekend près de l'océan.

_____ 3. Nous avons pris le train pour aller voir des amis à Dijon.

_____ 4. Karine et ses amis ont vu une grande cascade.

_____ 5. Les Martin sont allés à la campagne avec des amis.

_____ 6. Il a fait beau et on a fait une grande promenade dans la forêt.

_____ 7. On est parti à dix heures pour aller visiter un vieux château.

B Select the correct word or expression to complete the sentence correctly. *(5 points)*

_____ 1. Quand on prend le train en France, il ne faut pas oublier de _____ son billet.
   A. composter
   B. perdre
   C. finir

_____ 2. _____ attendent le train pour Marseille sur le quai 3.
   A. Les composteurs
   B. Les billets
   C. Les voyageurs

_____ 3. Bonjour, monsieur. Je voudrais _____ pour Nantes.
   A. un billet
   B. un composteur
   C. un contrôleur

_____ 4. Ah! Voilà _____. Il va vouloir voir nos billets.
   A. le wagon-restaurant
   B. le composteur
   C. le contrôleur

_____ 5. À quelle heure est notre train? Regardons _____.
   A. le tableau des départs et des arrivées
   B. le wagon-restaurant
   C. le siège

Structure

A Select the expression that is the opposite of the negative expression in the sentence. *(5 points)*

_____ 1. Je n'aime pas nager. Je ne vais jamais à l'océan.

      A. souvent   B. quelqu'un   C. quelque chose

_____ 2. Nous sommes allées au centre commercial mais nous n'avons rien acheté.

      A. toujours   B. quelqu'un   C. quelque chose

_____ 3. Il n'y a personne dans le train aujourd'hui!

      A. toujours   B. quelqu'un   C. souvent

_____ 4. Je veux maigrir alors je ne mange plus de frites!

      A. quelque chose   B. quelqu'un   C. souvent

_____ 5. Les Tran ne vont jamais à la campagne. Ils n'aiment pas.

      A. quelque chose   B. quelqu'un   C. toujours

B Complete the sentence with the appropriate verb and the negative expression in parentheses. You may need to add a preposition or an article. *(8 points)*

1. —Nathan, tu veux un deuxième croque-monsieur?

   —Non, merci, je _____ croque-monsieur. (ne... plus)

2. —Tu as parlé à quelqu'un au café?

   —Non, je _____. (ne... personne)

3. —Qu'est-ce que vous avez fait samedi soir?

   —Nous _____. (ne... rien)

4. —Tu écoutes souvent du jazz?

   —Moi? Non, je _____. (ne... jamais)

C Complete the sentence with the most logical expression: **quelque chose**, **quelqu'un**, or **toujours**. *(3 points)*

1. Mon siège? C'est le 22A, mais il y a _____! Pardon, Monsieur, le 22A, c'est mon siège.

2. Ma cousine ne fait plus de basket, mais moi, oui, je fais _____ du basket, et j'ai commencé le footing aussi.

3. Bonjour, je voudrais _____ pour aller avec cette jupe violette.

Culture

A Select the correct word or expression to complete the sentence. *(10 points)*

_____ 1. France is divided into _____ **départements**.
   A. 22   B. 50   C. 100

_____ 2. French regions acquired more importance in _____.
   A. 1972   B. 1980   C. 1982

_____ 3. The city of Toulouse is associated with _____.
   A. the Airbus   B. genetics   C. cultural affairs

_____ 4. There are _____ regions in France.
   A. 22   B. 50   C. 100

_____ 5. Most castles in the Loire Valley were built in the _____.
   A. Middle Ages   B. Renaissance   C. 1800s

_____ 6. French **départements** were created around the time of the _____.
   A. Middle Ages   B. Renaissance   C. French Revolution

_____ 7. Chambord is the _____ castle in the Loire Valley.
   A. oldest   B. largest   C. smallest

_____ 8. There are officially _____ castles in the Loire Valley.
   A. 22   B. 42   C. 62

_____ 9. Rabelais and _____ were famous authors from Tours.
   A. Balzac   B. Anglade   C. Leconte

_____ 10. Chenonceau is built on the _____ river.
   A. Cher   B. Amboise   C. Seine

Communication

A When was the last time you and your family (or friends) went away for the weekend? Where did you go? What did you do there? You should use six sentences in the description of your most recent trip. If you need to, write down notes before your oral presentation. *(6 points)*

_____

_____

_____

_____

_____

_____

_____

B A classmate is going to France for the summer and he plans to travel by train. Tell him what he needs to do to ensure a pleasant trip. You should use six sentences. If you need to, write down notes before your oral presentation. *(6 points)*

_____

_____

_____

_____

_____

_____

_____

Unité 10

Leçon C Quiz

Vocabulary

A You are spending a week in La Rochelle in France. Look at the map and indicate whether the statement is true or false. Correct it in French if it is false. You do not need to write a complete sentence. You are at **place de Verdun**. *(7 points)*

La Rochelle

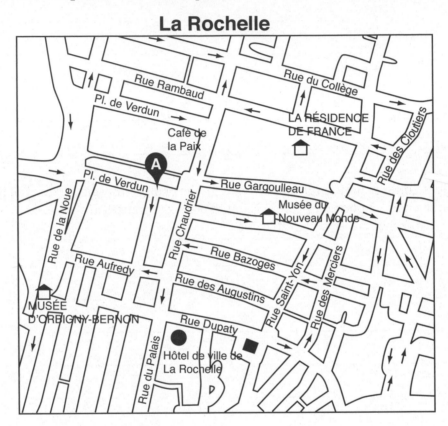

_____ 1. Le musée du Nouveau Monde est entre la rue Chaudrier et la Rue Saint-Yon.

_____ 2. Pour aller au musée d'Orbigny-Bernon, tourne à droite dans la rue de la Noue.

_____ 3. Pour aller à l'Hôtel de Ville, prenez la rue Chaudrier et continuez tout droit dans la rue du Palais. Prenez à gauche dans la rue Dupaty.

_____ 4. Pour aller à la Résidence de France, traversez la place de Verdun et prenez la rue Rambaud. La Résidence de France est sur votre gauche.

_____ 5. La rue Rambaud est près de la place de Verdun.

_____ 6. La rue Aufredy est en face de la rue des Augustins.

_____ 7. Pour aller du musée du Nouveau Monde à la rue des Cloutiers, on doit aller tout droit dans la rue Gargoulleau.

B Complete the sentence with the correct adjective of nationality. *(7 points)*

1. Nicolas—Paris

   Il est _____.

2. Céleste—Luxembourg

   Elle est _____.

3. Hans et Friedrich—Berlin

   Ils sont _____.

4. Lola—Madrid

   Elle est _____.

5. Carla et Maria—Rome

   Elles sont _____.

6. Heather—Liverpool

   Elle est _____.

7. Hervé et Lydie—Zurich

   Ils sont _____.

Structure

A Select the correct superlative form to complete the sentence. *(5 points)*

_____ 1. Patricia est _____ fille de la classe.
  A. le plus grand   B. la plus grande   C. les plus grandes

_____ 2. Martin est _____ étudiant.
  A. le plus petit   B. la plus petite   C. les plus petits

_____ 3. Laura et Stéphanie sont les filles _____.
  A. les plus diligentes   B. les plus diligents   C. la plus diligente

_____ 4. Les oncles de Lucas sont les hommes _____ de la famille.
  A. les plus vieux   B. le plus vieux   C. la plus vieille

_____ 5. Les fraises sont _____ fruits!
  A. les meilleures   B. la meilleure   C. les meilleurs

B Complete the sentence with the superlative of the adjective in parentheses. *(10 points)*

1. Les appartements de Sophie et de Jules sont _____
   appartements de l'immeuble. *(petit)*

2. Les gâteaux de ma mère sont _____ gâteaux du monde! *(bon)*

3. Mes cousines sont les filles _____ de notre famille. *(paresseux)*

4. Ce chat est _____ animal de la ville! *(vieux)*

5. Paris est _____ ville de France. *(beau)*

C Complete the sentence with the appropriate form of **de**. *(3 points)*

1. Dakar est la plus grande ville _____ Côte d'Ivoire.

2. Quelle est la ville la plus intéressante _____ États-Unis?

3. Le Québec est la plus jolie province _____ Canada.

Culture

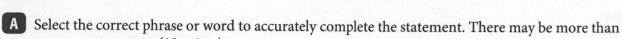 Select the correct phrase or word to accurately complete the statement. There may be more than one correct answer. *(10 points)*

_____ 1. _____ is a language that is spoken in Switzerland.
   A. Romansch   B. Italian   C. German

_____ 2. Switzerland is known for its _____.
   A. banks   B. ski resorts   C. Red Cross museum

_____ 3. The word **canton** refers to a(n) _____.
   A. administrative division   B. type of luxury watch   C. Swiss political party
       in Switzerland

_____ 4. _____ is a famous brand of Swiss watches.
   A. Swatch   B. Rolex   C. ONUG

_____ 5. _____ has headquarters in Geneva.
   A. The United Nations   B. The Red Cross   C. The Olympic Committee

_____ 6. _____ is a large city in Switzerland.
   A. Berne   B. Léman   C. Zurich

_____ 7. _____ is associated with the Red Cross.
   A. Henri Dunant   B. Genève   C. Zurich

_____ 8. _____ is an important date in the history of the Red Cross.
   A. 1863   B. 1988   C. 2009

_____ 9. The Red Cross _____.
   A. is present in over 80   B. helps prisoners around   C. was founded in 1988
       countries around the   the world
       world

_____ 10. Geneva is famous for its _____.
   A. fountain   B. lake   C. old section of town

Communication

A A Canadian exchange student at your school wants to know how to get from your school to city hall. Give her a set of directions to help her get there. If you need to, write down notes before your oral presentation. *(3 points)*

_____

_____

_____

_____

_____

B How would you describe your hometown to someone who's never been there? Explain where your favorite three places in town are located in relation to one another. If you need to, write down notes before presenting your description orally. (3 points)

_____

_____

_____

_____

_____

C You just met the person of your dreams! Describe this person using superlatives and at least four sentences. If you need to, write down notes before your oral presentation. *(2 points)*

_____

_____

_____

_____

Unité 1 Test

Vocabulary

A Complete the conversation by choosing the letter of the most appropriate response. *(5 points)*

_____ 1. Salut, Léa!

    A. Bien, et toi?   B. Bonjour, Hugo.   C. Au revoir.

_____ 2. Tu t'appelles comment?

    A. Je suis Noémie.   B. Enchanté.   C. Je te présente Tran.

_____ 3. Je vous présente Marc Guibert.

    A. C'est ma camarade de classe.   B. Tu t'appelles comment?   C. Bonjour! Enchantée.

_____ 4. Comment allez-vous?

    A. C'est ma camarade de classe.   B. Très bien, et vous?   C. Je m'appelle Lucas.

_____ 5. On va au café, Sylvain?

    A. Oui, je veux bien.   B. Comme ci, comme ça.   C. À bientôt!

B Indicate whether the statement is an accurate caption for the illustration by writing **oui** or **non**. *(10 points)*

_____ 1. On va au café.

_____ 2. On va au centre commercial.

_____ 3. C'est mon professeur.

_____ 4. C'est mon père.

_____ 5. Ça va mal!

C Write a logical response to the question or statement. *(10 points)*

1. Comment allez-vous? _____

2. Tu voudrais aller au cinéma? _____

3. Ça va? _____

4. Je te présente Isabelle. _____

5. Tu t'appelles comment? _____

D Indicate whether the exchange is **formel** or **informel**. *(5 points)*

_____ 1. —Bonjour, Madame Poiret.
—Bonjour, Monsieur Duhamel. Comment allez-vous?
A. formel   B. informel

_____ 2. —Je vous présente Mademoiselle Leguénec.
—Bonjour! Enchanté.
A. formel   B. informel

_____ 3. —Salut! Ça va, Fatima?
—Ça va! Et toi?
A. formel   B. informel

_____ 4. —Comment allez-vous?
—Très bien! Et vous, Monsieur Annan?
A. formel   B. informel

_____ 5. —On va à la fête? Tu viens, Malik?
—Bonne idée! Pourquoi pas?
A. formel   B. informel

E Based on this person's home town, give his/her nationality using the correct adjective. *(5 points)*

1. Jean Pantin? Il est à Montréal. Il est _____.

2. Luc est à la maison à Paris. Il est _____.

3. Mon prof, Monsieur Moussa, est à Alger. Il est _____.

4. La mère du professeur de français est à Los Angeles. Elle est _____.

5. Ma copine Inès est à Marseille. Elle est _____.

Proficiency Writing

A Marie is a French-Canadian exchange student who is spending this year at your school. Write her an e-mail in French to introduce yourself. Tell her a few things about yourself, ask her how she is, and then invite her to do something with you. Be sure to say good-bye too. You should write five sentences. *(5 points)*

_____

_____

_____

_____

_____

_____

_____

B It is the first day of school. Students and instructors are meeting for the first time. Create an introductory conversation in French among the people in the illustration. You should write five sentences. *(5 points)*

_____

_____

_____

_____

_____

_____

_____

Speaking Prep

A Indicate whether the statement is true or false. *(5 points)*

_____ 1. You would address a fellow student using **tu**.

_____ 2. **Comme ci, comme ça** would be an appropriate response to the question **Ça va?**

_____ 3. If you were to describe someone as being **américain** you would be talking about a female.

_____ 4. **Bonjour** is used when taking leave.

_____ 5. If you did not understand what someone said to you, say the following: **Comment?**

Speaking

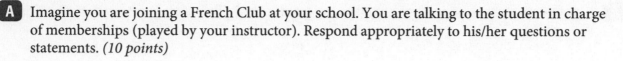

A Imagine you are joining a French Club at your school. You are talking to the student in charge of memberships (played by your instructor). Respond appropriately to his/her questions or statements. *(10 points)*

B Role-play the following scene with a partner:

A Francophone family just moved to your neighborhood. You are meeting the family's teenage daughter/son for the first time. *(10 points)*

A: Introduce yourself and ask your partner's name.

B: Give your name and ask how your partner is doing.

A: Answer your partner's question and ask how he/she is doing too.

B: Suggest the two of you go do something in town together.

A: Explain that you have some things to do and can't go.

B: Say goodbye.

A: Respond appropriately to your partner.

Listening Comprehension

A Listen to the conversation, then complete the sentence logically based on what you heard. You will hear the conversation twice. *(5 points)*

1. Nathan appelle _____.

2. Nathan va _____ avec Marie.

3. Véro va aller au centre commercial avec sa _____.

4. Demain, Véro peut aller à la _____ de Gilles.

5. Gilles est le copain _____ de Nathan.

B Listen to the mini-dialogues and select the image that goes with each one. One of the images does NOT match any dialogue. You will hear the dialogues twice. *(5 points)*

A.

C.

E.

B.

D.

F.

1. _____   2. _____   3. _____   4. _____   5. _____

Reading

A Look at the excerpt from Karine's blog and select the correct response. *(4 points)*

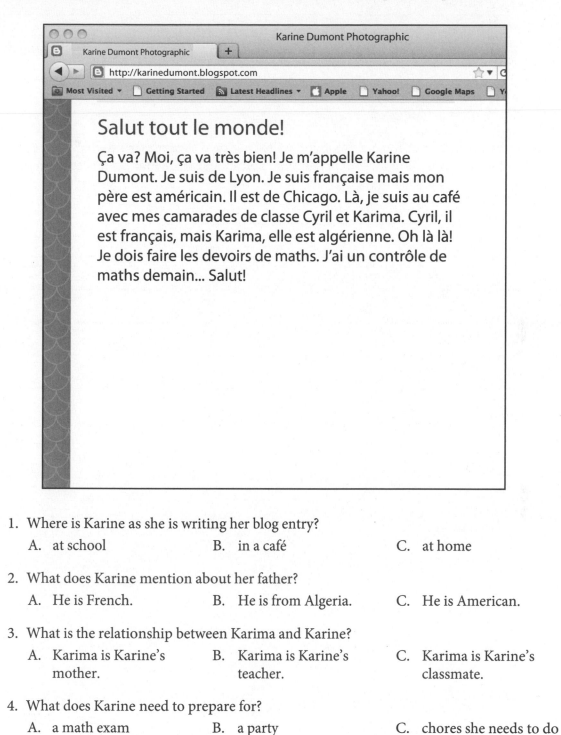

Karine Dumont Photographic

http://karinedumont.blogspot.com

Most Visited ▼ Getting Started Latest Headlines ▼ Apple Yahoo! Google Maps Y

Salut tout le monde!

Ça va? Moi, ça va très bien! Je m'appelle Karine Dumont. Je suis de Lyon. Je suis française mais mon père est américain. Il est de Chicago. Là, je suis au café avec mes camarades de classe Cyril et Karima. Cyril, il est français, mais Karima, elle est algérienne. Oh là là! Je dois faire les devoirs de maths. J'ai un contrôle de maths demain... Salut!

_____ 1. Where is Karine as she is writing her blog entry?

A. at school

B. in a café

C. at home

_____ 2. What does Karine mention about her father?

A. He is French.

B. He is from Algeria.

C. He is American.

_____ 3. What is the relationship between Karima and Karine?

A. Karima is Karine's mother.

B. Karima is Karine's teacher.

C. Karima is Karine's classmate.

_____ 4. What does Karine need to prepare for?

A. a math exam

B. a party

C. chores she needs to do at home

B Look at the excerpt from Karine's blog. What might a typical student at your school have in common with Karine? (You should write in English.) *(2 points)*

_____

_____

_____

_____

C Look at the excerpt from Karine's blog and write your own short description of Karine, using the information she gives about herself in her blog. You should write four sentences in English. *(4 points)*

_____

_____

_____

_____

_____

_____

Culture

A Indicate whether the statement is true or false. *(6 points)*

_____ 1. Many French speakers from Louisiana are descendents of the Acadians.

_____ 2. French is spoken in many countries including Monaco, Luxembourg, Algeria, Tunisia, Senegal, and Togo.

_____ 3. **La rentrée** and **les cartables** are terms associated with the people of Louisiana.

_____ 4. In formal situations, French people shake hands and use the words **salut** or **ciao** to say goodbye.

_____ 5. Martinique and Guadeloupe are overseas departments of France.

_____ 6. France has about 66 million inhabitants and most French people have a **carte d'identité**.

B Indicate whether the sentence is true or false based on the portrait. *(4 points)*

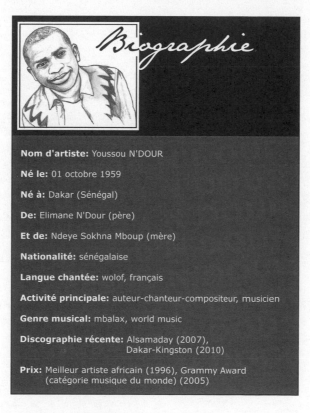

Nom d'artiste: Youssou N'DOUR

Né le: 01 octobre 1959

Né à: Dakar (Sénégal)

De: Elimane N'Dour (père)

Et de: Ndeye Sokhna Mboup (mère)

Nationalité: sénégalaise

Langue chantée: wolof, français

Activité principale: auteur-chanteur-compositeur, musicien

Genre musical: mbalax, world music

Discographie récente: Alsamaday (2007), Dakar-Kingston (2010)

Prix: Meilleur artiste africain (1996), Grammy Award (catégorie musique du monde) (2005)

_____ 1. The singer's name is Youssou N'Dour.

_____ 2. The singer is from the city of Dakar.

_____ 3. The singer is from Mali.

_____ 4. Ndeye Sokhna Mboup is the name of the singer's mother.

Unité 2 Test

Vocabulary

A Find the activity each person is most likely doing based on his/her likes. Not all choices will be used. *(8 points)*

A. aller au concert
B. téléphoner ou envoyer des textos
C. surfer sur Internet
D. nager
E. écouter de la world avec un lecteur MP3

F. inviter des amis au café
G. faire du sport
H. faire la cuisine
I. étudier
J. faire du shopping

_____ 1 Laura est à la maison. Elle aime beaucoup parler avec son amie Isa.

_____ 2 Nadia aime écouter de la musique à la maison.

_____ 3 Luc et Hervé aiment le foot, le hockey et le basket.

_____ 4 Aller au centre commercial est l'activité préférée de Yen.

_____ 5. Patrice et Marine aiment sortir et ils aiment bien le rock, le hip-hop et la musique alternative.

_____ 6. Ahmed aime beaucoup les blogues.

_____ 7. Noémie invite des amis à la maison. Ils aiment les pâtes et la salade.

_____ 8. Océane aime sortir avec des amis et manger un hamburger et des frites.

B Complete the sentence with the appropriate activity based on the illustration. *(7 points)*

1. Après le footing, Nathalie aime bien _____.

2. Le mardi, nous aimons _____ avec des copains.

3. Le samedi soir, j'aime bien _____.

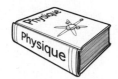

4. Les filles aiment _____.

5. Le dimanche, Éric et David aiment beaucoup _____.

6. Caroline n'aime pas beaucoup sortir. Elle préfère _____ à la maison.

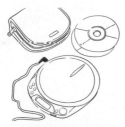

7. Tu aimes bien _____, n'est-ce pas?

Structure

A Select the image that represents the subject pronoun(s) that correctly complete(s) the sentence. There may be more than one correct answer. *(4 points)*

____ 1. _____ préférons le foot.

A.    B.    C.

____ 2. Qu'est-ce que/qu'_____ aime faire le samedi soir?

A.    B.    C.

____ 3. _____ écoutent beaucoup de rock.

A.    B.    C.

____ 4. Le mercredi, _____ jouez au basket aves des amis.

A.    B.    C.

B Indicate which of the following is an infinitive. *(2 points)*

____ 1. A. préférer   B. préfèrent   C. préfères

____ 2. A. joue   B. jouer   C. jouez

C Fatima is describing a typical weekend in her life. Indicate the correct definite articles to complete the sentence. *(2 points)*

_____ 1. Le weekend, je fais beaucoup d'activités avec des amis. J'aime _____ sport. (Je préfère _____ basket et _____ roller.)
   A. le, le, le
   B. le, la, l'
   C. les, la, le

_____ 2. _____ soir, j'aime aller au concert avec des amis. J'aime _____ hip-hop et _____ musique alternative.
   A. Les, le, le
   B. La, le, la
   C. Le, le, la

D Complete the sentence with the correct present tense verb form and adverb or negative expression. *(8 points)*

1. Nous _____ faire la cuisine. *(aimer / beaucoup)*

2. Je _____ le samedi. *(étudier / ne... pas)*

3. Vous _____ la world? *(écouter / un peu)*

4. Nathalie et Elsa _____! *(nager / bien)*

E Complete the sentence with the correct present tense form of **préférer**. *(4 points)*

1. Mon père _____ le R'n'B.

2. Ahmed et moi, nous _____ le footing.

3. Et vous, Marc et Thin, vous _____ le basket ou le foot?

4. Mes amis _____ la pizza!

Proficiency Writing

A Write a short paragraph describing what you typically do and don't do on the weekends. Be sure to mention at least five different activities and explain how much you like or dislike each one. *(5 points)*

_____

_____

_____

_____

_____

_____

_____

_____

B Imagine you're spending a semester in Quebec and you've started a part time job doing surveys for a local magazine. Your assignment for this week is to interview local students about their favorite sports and activities. Prepare a list of five questions you could ask each student. *(5 points)*

1. _____

   _____

   _____

2. _____

   _____

   _____

3. _____

   _____

   _____

4. _____

   _____

   _____

5. _____

   _____

   _____

Speaking Prep

A Put the lines of the dialogue in the most logical order from A to E. *(5 points)*

     A. First Line of Dialogue
     B. Second Line of Dialogue
     C. Third Line of Dialogue
     D. Fourth Line of Dialogue
     E. Fifth Line of Dialogue

_____ 1. Oui. Quel est ton numéro de téléphone?

_____ 2. Salut! Qu'est-ce que tu fais samedi? Tu voudrais nager avec moi?

_____ 3. Oui, je veux bien. J'aime beaucoup nager! On s'appelle?

_____ 4. C'est le 01.14.16.08.20.

_____ 5. D'accord. À samedi!

Speaking

A Your instructor will ask you some questions about your leisure activities. Respond appropriately in complete sentences. (10 points)

B Role-play the following scene with a partner:

Spring break begins tomorrow and you're going to have plenty of free time to do some fun things with a new friend (your partner). Decide on some activities you could do together. *(10 points)*

A: Tell your partner what you like to do in your free time and ask if he/she enjoys these activities too.

B: Tell your partner what you like to do in your free time.

A: Suggest two activities you both like that you could do together this week and suggest a time to do them.

B: Accept your partner's suggestions and propose one additional activity you could do and a time to do it.

A: Accept your partner's suggestion and give him/her your phone number in case you need to get in touch. (Make up a French phone number using only the numbers you learned in this Unit, i.e., 06.20.13.04.11).

B: Give your phone number as well. (Make up a French phone number using only the numbers you learned in this Unit, i.e., 06.20.13.04.11).

A: Say goodbye.

B: Respond appropriately to your partner.

Listening Comprehension

A Listen to Juliette and her father as they discuss Juliette's week. As you listen, indicate on which day Juliette is doing each activity. You will hear the conversation twice. *(7 points)*

        A. lundi

        B. mardi

        C. mercredi

        D. jeudi

        E. vendredi

        F. samedi

        G. dimanche

_____ 1. regarder les Jeux Olympiques

_____ 2. footing

_____ 3. étudier

_____ 4. aller à une fête

_____ 5. concert

_____ 6. manger au café

_____ 7. centre commercial

B Listen to the dialogue and write down the missing number in the phone number that you hear. You will hear the dialogue twice. *(3 points)*

    1. 04._____.12.07.17

    2. 04.20.12._____.17

    3. 04.20.12.07._____

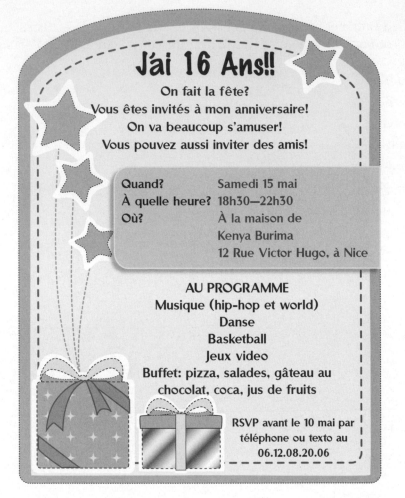

J'ai 16 Ans!!

On fait la fête?
Vous êtes invités à mon anniversaire!
On va beaucoup s'amuser!
Vous pouvez aussi inviter des amis!

Quand?	Samedi 15 mai
À quelle heure?	18h30—22h30
Où?	À la maison de Kenya Burima 12 Rue Victor Hugo, à Nice

AU PROGRAMME
Musique (hip-hop et world)
Danse
Basketball
Jeux video
Buffet: pizza, salades, gâteau au chocolat, coca, jus de fruits

RSVP avant le 10 mai par téléphone ou texto au 06.12.08.20.06

A Read the card and indicate whether the statement is true or false. If the statement is false, correct it in English. *(5 points)*

_____ 1. This is an invitation to a party.

_____

_____ 2. This event is on a Sunday.

_____

_____ 3. Based on the information on the card, this event will take place in the evening.

_____

_____ 4. This event is held at a café.

_____

_____ 5 There will be food and drinks at this event.

_____

B Read the card on the previous page again. *(5 points)*

1. Can you guess the meaning of the word **anniversaire?**

   _____

   _____

   _____

2. Can you guess the meaning of the word **gâteau au chocolat?**

   _____

   _____

   _____

3. Imagine you are invited to this party. What are some of the activities you can expect to be doing there?

   _____

   _____

   _____

4. Imagine you are invited to this party. How will you let the host know that you are planning to attend?

   _____

   _____

   _____

5. If you were invited to this event, do you think you would enjoy attending it? Why or why not?

   _____

   _____

   _____

Culture

A Indicate the logical associations. One item has no logical match. *(7 points)*

A. Jeux Olympiques
B. Tour de France
C. Guignol and Gnafron
D. cubism
E. Africans games
F. "Canadiens de Montréal"
G. "ville Lumière" and roller
H. francophone music

_____ 1. Pablo Picasso

_____ 2. Rachid Taha, Corneille Nyungura, kora

_____ 3. Pierre de Coubertin

_____ 4. mancala

_____ 5. Lyon

_____ 6. "maillot jaune"

_____ 7. Paris

B Imagine you're going to spend a few days in Paris with a friend who enjoys visiting monuments, going to museums, and strolling in parks. What would you do for fun? Based on what you learned in your textbook about Paris and its many points of interest, suggest three places to visit and explain why you chose each one. Use the map as a reference. Write in English. *(3 points)*

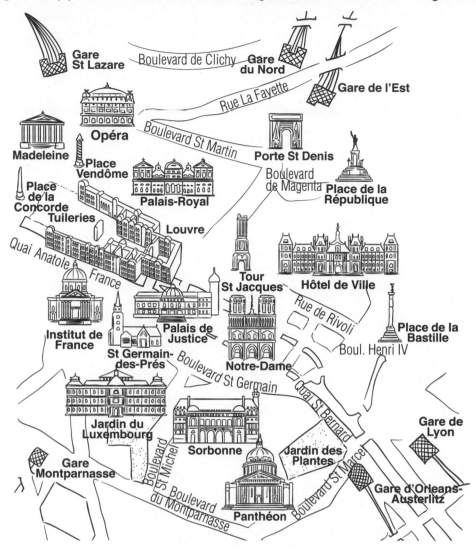

_____

_____

_____

_____

_____

_____

_____

_____

Unité 3 Test

Vocabulary

A Select the item that does NOT belong with the others. *(5 points)*

_____ 1. A. l'espagnol
   B. l'allemand
   C. la chimie

_____ 2. A. un professeur
   B. une élève
   C. le déjeuner

_____ 3. A. l'éducation physique et sportive
   B. la chimie
   C. la biologie

_____ 4. A. le labo
   B. le magasin
   C. la cantine

_____ 5. A. difficile
   B. drôle
   C. intéressant

B Write out the correct numbers to complete the sequence. *(5 points)*

1. vingt, vingt-quatre, _____ , trente-deux, _____

2. trente, quarante, cinquante, soixante _____ , _____

3. _____ , quarante-deux, quarante-trois, _____

4. _____ , _____ , quatre-vingts, soixante-dix, soixante

5. quatre-vingt-dix-neuf, _____ , soixante-dix-neuf, soixante-neuf,

_____

C Look at the illustration of the classroom and decide if the sentence is true or false. Correct the statement in French if it is false. *(5 points)*

_____ 1. Il y a un ordinateur portable sur la table.

_____

_____ 2. Il y a une affiche et une carte de France dans la salle de classe.

_____

_____ 3. Il y a un stylo et un crayon derrière le sac à dos.

_____

_____ 4. Sur une table, il y a une pendule, un taille-crayon, et un ordinateur.

_____

_____ 5. Le cédérom est sous le cahier.

_____

Structure

A Select the correct preposition to complete the sentence. *(4 points)*

_____ 1. Natasha travaille _____ labo de langues le lundi matin.

     A. au   B. aux   C. à la

_____ 2. Boris, est-ce que tu vas _____ piscine ce soir?

     A. au   B. aux   C. à la

_____ 3. Le professeur d'anglais va _____ États-Unis mardi.

     A. au   B. aux   C. à la

_____ 4. Je suis _____ école le lundi, le mardi, le jeudi, et le vendredi.

     A. au   B. aux   C. à l'

B Match each subject with the correct sentence completion. *(6 points)*

     A. Moi, je...   D. Sophie, tu...

     B. Mes amis et moi, nous...   E. Le professeur...

     C. Les élèves...   F. Vous...

_____ 1. va dans le bureau du proviseur.

_____ 2. suis intelligent et drôle!

_____ 3. allons souvent en ville le samedi.

_____ 4. as informatique à quatre heures et quart?

_____ 5. êtes en informatique le jeudi matin?

_____ 6. ont besoin d'ordinateurs portables.

C Complete the sentence based on the clock to say when Margaux does the activity. *(4 points)*

1. Margaux est à la maison à _____.

2. Margaux va à la cantine avec ses amis à _____.

3. Margaux et son ami Jules se retrouvent en ville à _____.

4. Margaux nage à la piscine à _____ le samedi après-midi.

D Complete the sentence with the appropriate definite or indefinite article and the correct form of the adjective in parentheses. *(4 points)*

1. Vous avez _____ trousses _____?
   (bleu)

2. Hélène est _____ fille _____.
   (intelligent)

3. Paul est _____ étudiant _____.
   (tahitien)

4. _____ pâtes de la cantine sont _____.
   (délicieux)

E Using the appropriate question word and **est-ce que**, complete the question that would elicit the answer below. *(2 points)*

1. —_____ tu vas à la piscine?
   —Parce que j'adore nager!

2. —_____ Noémie a histoire?
   —Le jeudi à 3h00.

Proficiency Writing

A Write a paragraph in French describing your favorite and least favorite weekdays at school. For each day, tell which courses you have and at what time, and describe how you feel about each one. *(5 points)*

_____

_____

_____

_____

_____

_____

_____

_____

_____

_____

B It's the beginning of the school year and you need to buy a lot of school supplies, so you're going shopping with a friend this afternoon. In French, make a list of three courses you're taking and list at least two supplies you need for each one. *(5 points)*

1. _____

   _____

   _____

   _____

2. _____

   _____

   _____

3. _____

   _____

   _____

Speaking Prep

A What question prompted each answer? Select the correct interrogative expression for each of the responses given. *(5 points)*

      A. Quand est-ce que...?
      B. À quelle heure...?
      C. Avec qui...?
      D. Où est-ce que...?
      E. Qu'est-ce que...?

_____ 1. Je vais en ville.

_____ 2. Nadège est avec Marine.

_____ 3. Le mardi et le mercredi après-midi.

_____ 4. Nous achetons un dictionnaire.

_____ 5. À minuit.

Speaking

A Coralie Lassalle is a student at **Lycée Voltaire**. Look at her schedule and answer your instructor's questions. Respond in complete sentences. *(10 points)*

	LUNDI	MARDI	MERCREDI	JEUDI	VENDREDI
8h					
9h	Anglais	Physique	Français	Maths	Médiathèque (devoirs)
10h	Maths	Français	Français	Allemand	Médiathèque (devoirs)
11h	Biologie	Physique	Maths	Chimie	Allemand
12h	Déjeuner (cantine)		Labo (devoirs d'informatique)		
13h		Déjeuner (cantine)		Déjeuner (café avec Pascal)	Déjeuner(cantine --avec Nelly)
14h15	Informatique	Musique		EPS	Histoire
15h	Informatique	Allemand	15h30 Piscine (avec ma mère)	EPS	Histoire
16h		Anglais			
17h	Vélo avec Nadège		Foot		Footing

B Role-play the following scene with a partner:

You are at a store shopping for school supplies. Your partner will play the role of the salesperson and will answer your questions and help you with your shopping needs. *(10 points)*

A: Ask the salesperson if the store has a school supply of your choice.

B: Answer that you do not have the supply your customer wants.

A: Ask about two other supplies you need.

B: Tell your customer that you do have the items.

A: Ask how much the items cost.

B: Give the price.

Listening Comprehension

A Listen to Larissa and her friend Gilles discuss their classes. Then complete the sentence to answer the question. You will hear the conversation twice. *(5 points)*

1. Pourquoi est-ce que Larissa n'aime pas le mardi matin?

   Elle a _____ et _____ et elle

   n'aime pas les sciences.

2. Quand est-ce que Larissa a éducation physique et sportive?

   Elle a éducation physique et sportive _____ après-midi à

   _____.

3. Quelles matières est-ce que Larissa aime bien?

   Elle aime _____, l'histoire et _____.

4. À quelle heure est-ce que Larissa et Gilles se retrouvent en ville?

   Ils se retrouvent en ville à _____ et

   _____.

5. De quoi est-ce que Larissa a besoin au magasin Gibert?

   Elle a besoin d' _____ et de _____.

B Listen to a conversation between a customer and a salesperson, then select the image that represents what the customer purchased. You will hear the conversation twice. *(5 points)*

_____ 1. A.   B.   C.

Reading

A Read *Deux amies au lycée* and select the correct response to the question. *(6 points)*

1. Where does the scene take place?

    A. in a store

    B. at school

    C. at the swimming pool

2. How does Eva feel about her computer teacher?
   A. She likes him very much because he is funny.
   B. She is not happy with him because the class is too difficult.
   C. She is not happy with him because he assigns too much homework.

3. Where does Eva have to go first?
   A. French class
   B. History
   C. the principal's office

4. What is Eva going to do on Saturday morning?
   A. go swimming
   B. do her homework
   C. go shopping

5. Where will the two girls meet?
   A. in front of the shopping mall
   B. at the swimming pool
   C. at the café

6. What does Marie need to buy?
   A. just a backpack
   B. a notebook and a backpack
   C. a pencil case

B Read *Deux amies au lycée* again and describe Eva's Saturday activities in French. *(4 points)*

_____

_____

_____

_____

_____

_____

Culture

A Select the correct response to the question. *(7 points)*

_____ 1. What is featured on euro bills?
   A. presidents
   B. doors and windows
   C. famous people

_____ 2. What is the French equivalent of the American middle school?
   A. le collège
   B. le bureau
   C. l'école

_____ 3. When is **l'heure officielle** used in Francophone countries?
   A. for school schedules
   B. for TV programs
   C. Both A and B

_____ 4. What is the percentage of students who attend secondary school in Mali?
   A. 24%
   B. 13%
   C. 80%

_____ 5. What is the name of the largest city in French Polynesia?
   A. Papeete
   B. Gauguin
   C. Schœlcher

_____ 6. What is **un lycée hôtelier**?
   A. on online school
   B. a famous school in Fort-de-France, Martinique
   C. a school for students who are training to work in the hospitality industry

_____ 7. Which is true about education in France?
   A. Twenty-four percent of all students choose online courses because all their supplies are provided free of charge.
   B. Students must pass the **baccalauréat** at the end of **le collège** in order to be able to attend **le lycée**.
   C. French teenagers usually do not have classes on Wednesday afternoon.

B Look at the document and indicate whether the statement is true or false. *(3 points)*

Lycée Polyvalent Régional Alphonse Daudet 12 avenue des Minimes 17000 La Rochelle	**Bulletin du deuxième trimestre Année scolaire 2011-2012**	
NOM DE L'ÉLÈVE: **Martineau, Pauline**		CLASSE: **Première 4**
Matières	**Moyenne du trimestre**	**Appréciations et commentaires des professeurs**
Philosophie Professeur:		
Français Professeur: *M. Matthieu*	*12*	*Des progrès. Continuez!*
Histoire-géographie Professeur: *Mme Bertrand*	*13*	*Assez bon trimestre.*
Sciences économiques et sociales Professeur: *Mlle Alaoui*	*12*	*Élève sérieuse.*
Mathématiques Professeur: *M. Korinaha*	*16*	*Élève intelligente et motivée. Très bien!*
Science physique-chimie Professeur: *Mme Charpentier*	*15*	*Bonne élève. Ensemble satisfaisant.*
Biologie Professeur: *M. Mueller*	*17*	*Excellent trimestre!*
Langue vivante 1: *Anglais* Professeur: *Mlle Legoleff*	*15*	*Bon ensemble à l'écrit et à l'oral.*
Langue vivante 2: *Allemand* Professeur: *Mme Joffre*	*16*	*Très bien!*
Langue vivante 3: Professeur:		
EPS Professeur: *Mme Gibert*	*10*	*Moyen. Doit participer plus.*
Option: *Arts plastiques* Professeur: *M. Marin*	*18*	*Excellente élève. Bravo!*
Option: Professeur:		

_____ 1. Pauline Martineau is a middle school student in La Rochelle.

_____ 2. Pauline takes several science classes and two foreign language classes.

_____ 3. Overall, Pauline's teachers are satisfied with her results at school.

Unité 4 Test

Vocabulary

A Circle the letter of the item that does NOT belong with the others. Then add another item that DOES belong. *(5 points)*

1. A. la carte   B. le menu fixe   C. une équipe

   _____

2. A. addition   B. aventures   C. policier

   _____

3. A. un croque-monsieur   B. une chaussette   C. une quiche

   _____

4. A. un kiosque à journaux   B. un maillot   C. un short

   _____

5. A. une équipe   B. un stade   C. un metteur en scène

   _____

B Write out the answer to the math problem. *(4 points)*

1. $100 + 35 = 135$ (_____)

2. $671 + 129 = 800$ (_____)

3. $1000 - 350 = 650$ (_____)

4. $101 \times 4 = 404$ (_____)

C You're at a café with some friends. Indicate what each person ordered. One of the items will NOT be ordered. *(6 points)*

A.

B.

C.

D.

E.

F.

G.

_____ 1. Pour Luc et Sabine, des sandwichs au jambon.

_____ 2. Comme boisson, deux cocas, s'il vous plaît.

_____ 3. Moi, j'ai faim! Donnez-moi un steak-frites, s'il vous plaît.

_____ 4. Je vais prendre une pizza, pas de boisson, merci.

_____ 5. Voici les limonades. Quatre euros quarante, s'il vous plaît.

_____ 6. Qu'est-ce que tu prends, Ahmed? Un sandwich au fromage?

Structure

A Select the correct form of **quel** to complete the sentence. *(4 points)*

_____ 1. À _____ séance allons-nous? Dix-huit heures trente?

       A. quelle   B. quels   C. quel

_____ 2. _____ match on va voir aujourd'hui? Marseille contre Lyon?

       A. Quelle   B. Quels   C. Quel

_____ 3. _____ documentaires intéressants!

       A. Quelle   B. Quels   C. Quel

_____ 4. Et toi, Léo, _____ boissons est-ce que tu aimes?

       A. quelle   B. quels   C. quelles

B Complete the sentence with the correct form of the verb or verbal expression in parentheses. *(9 points)*

1. Au café, nous _____ toujours un croque-monsieur et un café. *(prendre)*

2. Moi, j(e) _____! Pour moi, une eau minérale et un café. *(avoir soif)*

3. Corine _____ un livre d'informatique pour l'école. *(avoir besoin de)*

4. —Dis, Jordy, tu _____ la serveuse? *(voir)*
   —Oui, oui, elle est là!

5. Les filles _____! Elles vont prendre la spécialité du jour. *(avoir faim)*

6. Vous _____ le kiosque à journaux, là? Le magasin est derrière. *(voir)*

7. Paul et Nathan _____ les écharpes en solde à dix-huit euros. *(prendre)*

8. Vous _____ chaussures? *(avoir besoin de)*

9. Vous _____ le documentaire? *(comprendre)*

C Use inversion to complete the question that could have elicited this response. *(2 points)*

1. —_____ voir un drame au cinéma?
   —Oui, elle va voir un drame au cinéma.

2. —_____ de vêtements pour le foot?
   —Oui, nous avons besoin de chaussettes, de shorts, et de blousons pour le foot.

D Select the question that elicited the answer below. *(1 point)*

_____ 1. Oui, nous aimons beaucoup les thrillers!
   A. Vous aimez les thrillers, n'est-ce pas?
   B. Pourquoi est-ce que vous allez voir un thriller?
   C. Préférez-vous les thrillers ou les drames?

E What plans do your friends have for the weekend? Complete the sentence with the correct form of **aller** + a logical infinitive from the box. *(4 points)*

marquer	comprendre	aller
attendre	porter	

1. Lola a faim. Elle _____ au café.

2. Mes amis et moi, nous _____ le maillot de l'équipe de Marseille au match.

3. Les joueurs de ton équipe _____ un but et gagner le match.

4. Vous _____ les filles au cinéma à six heures, n'est-ce pas?

Proficiency Writing

A Write a paragraph in French describing at least five types of movies you like and don't like. Explain why you like or dislike each genre. *(5 points)*

_____

_____

_____

_____

_____

_____

_____

_____

_____

_____

B Imagine your school is opening a "French café" section in the cafeteria. Create a menu for the café. Be sure to include at least five beverages and five food items. Be sure to name your café and include prices on the menu. *(5 points)*

_____

_____

_____

_____

_____

_____

_____

_____

_____

_____

Speaking Prep

A Identify the choice that best answers the statement or question. *(5 points)*

_____ 1. Bonjour. Qu'est-ce que vous voulez comme boisson?
   A. J'ai soif! Pour moi, une limonade.
   B. J'ai faim! Un croque-monsieur, s'il vous plaît.
   C. Je vais prendre le menu fixe.

_____ 2. Vous voulez un steak-frites? C'est la spécialité du jour.
   A. Ça ne me surprend pas!
   B. Vous allez rembourser l'omelette?
   C. Euh... non, je vais prendre un sandwich au fromage.

_____ 3. Vous désirez un dessert?
   A. Oui, un croque-monsieur.
   B. Oui, une glace à la vanille.
   C. Oui, un jus d'orange.

_____ 4. Bon appétit!
   A. Merci!
   B. Tout ça!
   C. Surtout.

_____ 5. S'il vous plaît? L'addition.
   A. Je vais rembourser l'addition.
   B. C'est cent deux euros dix.
   C. Deux tickets? C'est trois cents euros.

Speaking

A Imagine you are at a café on the Champs-Élysées. Respond to the server's questions or statements using complete sentences. Your teacher will play the role of the server. *(10 points)*

B Role-play the following scene with a partner:

Your French-speaking friend Dominique (your partner) has an important soccer game this weekend and he/she needs to go buy a new uniform. *(10 points)*

A: Ask your friend what he/she needs to buy for the game.

B: Tell your friend about two things you need and ask him/her to go to the mall with you.

A: Suggest a day and time to go to the mall.

B: Accept and suggest the two of you also go to the movies while at the mall.

A: Propose two different movies.

B: Tell your friend which movie you'd like to see and why.

T'es branché? 1, Tests

Listening Comprehension

A You will hear five short dialogues. Indicate which sentence best summarizes each one. One item will NOT be used. You will hear the dialogues twice. *(5 points)*

        A. C'est une conversation dans un café.

        B. Des amis vont aller à un match de foot.

        C. C'est une conversation dans un kiosque à journaux.

        D. Des amis vont se retrouver devant une bouche de métro.

        E. C'est un dialogue dans un magasin de vêtements.

        F. Deux amis vont aller au cinéma.

_____ 1. Conversation 1

_____ 2. Conversation 2

_____ 3. Conversation 3

_____ 4. Conversation 4

_____ 5. Conversation 5

B You will hear a conversation at a café. Select the image that represents the customer's order. You will hear the conversation twice. *(5 points)*

_____ 1. A.   B.   C.

Reading

Le fabuleux destin d'Amélie Poulain

Date de sortie: 2001

Genre: Comédie

Metteur en scène: Jean-Pierre Jeunet

Avec: Audrey Tautou et Matthieu Kassovitz

Résumé: Amélie a 22 ans.

Elle est serveuse dans un café de Montmartre.

Elle passe son temps à* regarder les gens*.

Un jour, elle a une révélation: elle doit aider

les personnes autour d'elle*.

Séances: 14h30, 17h50, 22h30

Avis des spectateurs: ♥♥♥♥

Bienvenue chez les Ch'tis

Date de sortie: 2008

Genre: Comédie

Metteur en scène: Dany Boon

Avec: Kad Merad, Dany Boon, Zoé Félix

Résumé: Philippe Abrams est du sud* de la France.

Il travaille à la poste*, mais un jour, on l'

envoie travailler dans le nord*. C'est l'horreur!

Une région où il fait froid et où les gens ne

sont pas intéressants. Mais, à sa surprise,

il va découvrir un endroit charmant*...

Séances: 12h45, 14h50

Avis des spectateurs: ♥♥♥♥♥

passe son temps à *spends her time* **les gens** *people* **autour d'elle** *around her* **sud** *south* **poste** *post office* **nord** *north* **endroit charmant** *charming place*

A Indicate whether the statement is true or false, based on the information provided about the movies. Correct the statement if it is false. *(7 points)*

1. In *Bienvenue chez les Ch'tis*, the main character is happy to be transferred to the north of France.

_____

2. Amélie is a young woman who works as a waitress in a café.

_____

3. Amélie suddenly decides that she needs to help those around her.

_____

4. If a friend wanted to see a **film d'horreur**, you could suggest *Bienvenue chez les Ch'tis*.

   _____

5. If you wanted to see a movie after dinner, you could see *Bienvenue chez les Ch'tis*.

   _____

6. Moviegoers enjoyed *Bienvenue chez les Ch'tis* as much as *Le fabuleux destin d'Amélie Poulain*.

   _____

7. In *Bienvenue chez les Ch'tis,* the main character's opinion of the north of France changes as the movie progresses.

   _____

B Which of the two movies would you like to see? Why? Write your answer in English. *(3 points)*

_____

_____

_____

_____

_____

_____

Culture

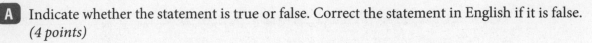

A Indicate whether the statement is true or false. Correct the statement in English if it is false. *(4 points)*

1. **La Coupole**, **Le Dôme**, and **Le Procope** are famous French cafés where writers used to gather.

   _____

2. **Césars** are awarded at the Cannes Film Festival in May.

   _____

3. With over 20 million tickets sold, *La Totale* is the most popular French movie of all time.

   _____

4. Although there are fewer cafés and bistros in France nowadays than in the past, cafés and bistros are still popular with regulars who gather to talk and catch up with friends.

   _____

B Write a paragraph in which you explain the importance of soccer in France. Discuss clubs, teams, important events, and be sure to mention a famous French soccer player as well. Write in English. *(3 points)*

   _____

   _____

   _____

   _____

   _____

   _____

   _____

   _____

   _____

À la Petite Brioche est le pionnier du snacking et de la sandwicherie en France depuis plus de trente ans.

MENU ÉTUDIANT:

L'idée de À la Petite Brioche, c'est tout simplement de réconcilier restauration rapide et tradition française.

Brioché Catalan

Un Gouter de Roi

COCA

Boisson

N°1 de la restauration rapide de tradition française 5 000 employés vendent plus de 20 millions de sandwichs chaque année en France + de 200 000 clients accueillis chaque jour dont 72% de femmes 489 restaurants 60% de clients réguliers.

_____ 1. How would you describe **À la Petite Brioche**?

    A. It is a local Parisian bistro where customers can order traditional French dishes.

    B. It is a chain of fast food restaurants with a menu inspired by traditional French food.

    C. It is a food delivery service that competes against fast food chains.

_____ 2. What is special about the meal offered in the ad?

    A. It's a complete meal offered at a low price that is reserved for students.

    B. Customers who order this meal can choose among several types of sandwiches, desserts, and drinks.

    C. It's today's lunch special and customers who purchase this meal can get a second one at half price.

D Look again at the ad from **À la Petite Brioche**. Based on the information given in the ad, do you think **À la Petite Brioche** is a successful business? Explain your answer in English using information from the ad. Give at least two reasons. *(1 point)*

_____

_____

_____

_____

_____

_____

_____

_____

_____

Unité 5 Test

Vocabulary

A Match each person in the family tree with the appropriate description. One item will NOT be used. *(8 points)*

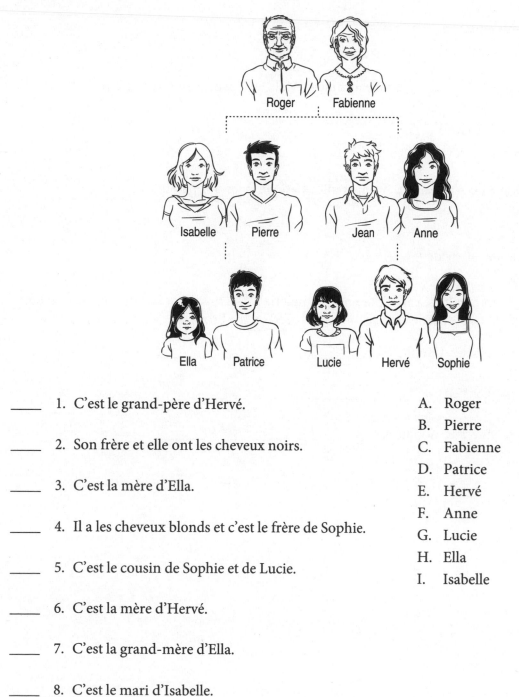

_____ 1. C'est le grand-père d'Hervé.

_____ 2. Son frère et elle ont les cheveux noirs.

_____ 3. C'est la mère d'Ella.

_____ 4. Il a les cheveux blonds et c'est le frère de Sophie.

_____ 5. C'est le cousin de Sophie et de Lucie.

_____ 6. C'est la mère d'Hervé.

_____ 7. C'est la grand-mère d'Ella.

_____ 8. C'est le mari d'Isabelle.

A. Roger
B. Pierre
C. Fabienne
D. Patrice
E. Hervé
F. Anne
G. Lucie
H. Ella
I. Isabelle

B Choose the logical profession for each person based on the description. *(4 points)*

_____ 1. Noah travaille à la cantine de l'école Maupassant.
  A. ingénieur
  B. cuisinier
  C. dentiste

_____ 2. Pierre travaille dans le cinéma.
  A. ingénieur
  B. metteur en scène
  C. avocat

_____ 3. Pour sa profession, Luc voyage beaucoup au Mali, au Togo, et au Burkina Faso.
  A. agent de police
  B. homme d'affaires
  C. testeur de jeux vidéo

_____ 4. Charles travaille à la maison. Il aime l'informatique et les ordinateurs.
  A. médecin
  B. avocat
  C. testeur de jeux vidéo

C Brothers and sisters can have very different personalities. As a matter of fact, this brother and his sister are complete opposites. Describe the sister based on the brother's description. *(3 points)*

1. Hugo est paresseux. Camille est _____.

2. Tran est sympa. Yen est _____.

3. Martial est généreux. Sophie est _____.

Structure

A Select the correct verb form to complete the sentence. *(10 points)*

_____ 1. Les élèves _____ leurs devoirs.

      A. finissent   B. finit   C. finissions

_____ 2. Michaël _____ douze ans.

      A. avons   B. a   C. ai

_____ 3. J(e) _____ un jeu vidéo à mon frère.

      A. offres   B. offre   C. offrent

_____ 4. Ahmed, tu _____ avec nous au café?

      A. viens   B. venez   C. vient

_____ 5. Laeticia et moi, nous aimons beaucoup la pizza, donc nous _____.

      A. grossit   B. grossis   C. grossissons

_____ 6. Les enfants de mon frère _____ beaucoup!

      A. grandit   B. grandissent   C. grandissez

_____ 7. Bravo! Vous _____ à l'école! C'est super!

      A. réussis   B. réussissez   C. réussissent

_____ 8. Martine _____ de la piscine à une heure et demie.

      A. revient   B. reviens   C. revenons

_____ 9. Vous _____ d'excellents athlètes!

      A. deviens   B. devenez   C. devenons

_____ 10. Les enfants _____ le gâteau.

      A. finissent   B. finissez   C. finis

B Complete the sentence with **il est/elle est** or **c'est**. *(3 points)*

1. _____ avocat.

2. Marc? _____ un Français.

3. Alice? _____ de Martinique.

C Using a possessive adjective, indicate who has what. *(3 points)*

1. Les cadeaux sont à Noémie et Gilles. Ce sont _____ cadeaux.

2. La casquette est à Ursuline. C'est _____ casquette.

3. Les chaussures bleues sont à Nadine. Ce sont _____ chaussures.

D Complete the sentence with **du**, **de la**, **des**, or **de** as needed. *(4 points)*

1. Jean n'a pas _____ cousins.

2. Les gens _____ États-Unis sont grands!

3. Monique est la mère _____ cousine de Nathan.

4. L'avocat _____ père de Nicolas s'appelle Monsieur Duhamel.

Proficiency Writing

A Write a paragraph in French describing the family in the illustration. Give names to the various family members; imagine where they are from, how they are related, and what they do. Then say what they look like and imagine what their personalities are like. *(5 points)*

_____

_____

_____

_____

_____

_____

_____

_____

_____

_____

_____

B Write a paragraph in French describing your extended family (or an imaginary family, if you prefer). Be sure to explain how everyone is related and what everyone looks like and is like. Include the professions of at least three family members. *(5 points)*

_____

_____

_____

_____

_____

_____

_____

_____

_____

_____

Speaking Prep

A Associate each month with the appropriate holiday or event. One item will NOT be used.
(5 points)

       A. février

       B. octobre

       C. décembre

       D. novembre

       E. mars

       F. juin

____ 1. Halloween

____ 2. des cadeaux

____ 3. la Saint Patrick

____ 4. Thanksgiving

____ 5. la Saint Valentin

Speaking

A Your instructor will ask you some questions. Respond appropriately in complete sentences. *(10 points)*

B Role-play the following scene with a partner:

An African exchange student (your partner) at your school is showing you a picture of his/her family that he/she just received. Talk about his/her family, basing your conversation on the illustration. *(10 points)*

A: Ask your partner about his/her mom and dad.

B: Describe your mother and your father, including physical and personality traits, as well as professions.

A: Ask your partner about his/her brothers and sisters.

B: Describe your siblings and tell your partner what their personalities are like.

A: Ask your partner about another one of his/her family members.

B: Answer your partner's question appropriately, giving details about your family member.

Listening Comprehension

A Listen to these people as they discuss various events, and match each sentence with the image of the corresponding month. One image will have no match. You will hear the recording twice. *(5 points)*

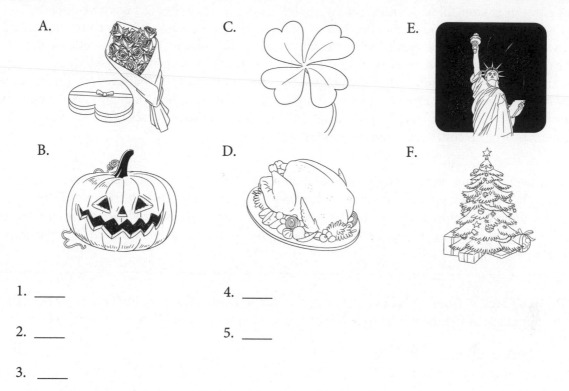

A.

C.

E.

B.

D.

F.

1. _____

2. _____

3. _____

4. _____

5. _____

B Listen to Nathalie as she describes her family, and indicate whether the statement is accurate or not. Correct the statement in French if it is inaccurate. You do not need to write a complete sentence. You will hear the recording twice. *(5 points)*

1. Le père de Nathalie travaille dans la musique.

_____

2. Le frère de Nathalie ressemble à son père.

_____

3. La sœur de Nathalie a 18 ans et elle voudrait devenir chanteuse.

_____

4. Nathalie connaît bien l'Afrique.

_____

5. Le frère de Nathalie est diligent et généreux.

_____

Reading

La Belle et la Bête

Dans une grande ville* près de la mer*, un homme* très riche s'occupe seul de* ses six enfants: trois garçons et trois filles. Ses filles sont très intelligentes et très belles [...] Les deux sœurs aînées* ont de longs cheveux châtain clair* et des yeux noisette*. Mais elles sont aussi jalouses*, arrogantes, paresseuses, et très capricieuses*. [...] Leur sœur cadette*, la Belle, est encore plus belle que ses sœurs: ses cheveux bouclés sont roux et sa peau* est très blanche*. Gentille et agréable avec tout le monde*, elle est studieuse*, et elle aime rester à la maison pour lire, jouer du piano, ou encore tenir compagnie* à son cher papa. [...] La Belle se lève* à quatre heures du matin pour nettoyer* la maison, préparer à manger, et laver* les vêtements de ses frères et sœurs. [...] Les deux sœurs, au contraire*, ne font absolument rien*.

ville *city*; **mer** *sea*; **un homme** *man*; **s'occupe seul de** *takes care of... on his own*; **aînées** *older*; **châtain clair** *light brown*; **noisette** *hazel*; **jalouses** *jealous*; **capricieuses** *capricious*; **cadette** *younger*; **peau** *skin*; **blanche** *white*; **tout le monde** *everyone*; **studieuse** *studious*; **tenir compagnie** *to keep company*; **se lève** *gets up*; **nettoyer** *to clean*; **laver** *to wash*; **au contraire** *on the contrary*; **ne... rien** *nothing*

A Read the excerpt from *La Belle et la Bête*, and indicate whether the statement is true or false. Correct the statement in French if it is false. You do not need to write a complete sentence. *(7 points)*

_____ 1. Belle a une grande famille.

_____

_____ 2. Belle n'a pas de mère.

_____

_____ 3. Belle a trois sœurs et deux frères.

_____

_____ 4. Les deux sœurs de Belle aident beaucoup leur père à la maison.

_____

_____ 5. Les sœurs de Belle aiment beaucoup Belle, et elles sont généreuses avec elle.

_____

_____ 6. Belle travaille beaucoup à la maison.

_____

_____ 7. Belle ne ressemble pas à ses deux sœurs.

_____

B After reading the excerpt from *La Belle et la Bête*, write a short paragraph in French to answer the questions below. Base your response on what you learned from the excerpt about Belle and her family. Write at least five sentences. *(3 points)*

Imaginez que (*Imagine that*) c'est l'anniversaire de Belle aujourd'hui. Elle a quel âge? Qu'est-ce qu'on fait chez elle pour célébrer (*to celebrate*) son anniversaire? Qu'est-ce qu'on prépare? Qu'est-ce qu'on lui offre comme cadeau? Imaginez la fête!

_____

_____

_____

_____

_____

_____

_____

_____

Culture

A Complete the statement with a logical response. *(6 points)*

_____ 1. _____ is associated with the overseas **département** of Martinique.

    A. The dish of **accras de**   B. **Zouk**   C. Both A and B
       morue

_____ 2. _____ are used in the metric system, which was developed by French scientists in 1789.

    A. Kilometers   B. Kilograms   C. Both A and B

_____ 3. You can purchase _____ at **la FNAC**.

    A. electronics   B. clothing   C. food

_____ 4. By the _____ most African colonies had gained their independence from France.

    A. 1920s   B. 1940s   C. 1960s

_____ 5. _____ and Amadou and Mariam are famous African singers.

    A. Youssou N'Dour   B. Kourouma   C. Birago Diop

_____ 6. During Aïd-el-Kébir, Muslims in Africa and in the Middle East often give presents to

     _____.

    A. people who are less   B. their coworkers   C. their elders
       fortunate than they are

B Indicate whether the statement is accurate or not based on the table. *(4 points)*

	Nombre de mariages	Proportions de mariages de célibataires (en %)		Âge moyen au mariage de célibataires*		Taux de nuptialité pour 1.000 habitants	Nombre de divorces	Divorces pour 1.000 couple mariés**
		Femmes	Hommes	Femmes	Hommes			
2006	273.914	80,6	79,5	29,3	31,3	4,3	139.147	11,1
2007	273.669	80,5	79,3	29,5	31,3	4,3	134.477	10,8
2008 (p)	265.404	80,5	79,3	29,6	31,6	4,1	132.594	10,7
2009 (p)	251.478	80,7	79,3	29,8	31,7	3,9	130.601	10,6
2010 (p)	249.000	nd	nd	nd	nd	3,8	nd	nd

nd: non disponible
(p) résultats provisoires arrêtés à fin 2010.
* Âge moyen calculé pour une génération fictive d'hommes et de femmes qui aurait à tout âge les taux de primo-nuptialité calculés l'année considérée.
** Le nombre de couples mariés correspond au nombre de femmes mariées.
Champ : France
Source : Insee, estimations de population et statistiques de l'état civil, ministère de la Justice - SDSE, fichiers détails PACS.

_____ 1. In the last few years, the divorce rate in France has been on the rise.

_____ 2. Women tend to marry at an earlier age than men.

_____ 3. Both men and women are marrying at a younger age in 2009 than in 2006.

_____ 4. More marriages were celebrated in France in 2010 than in the year 2006.

Unité 6 Test

Vocabulary

A Select the place where you would purchase the items on your shopping list. *(6 points)*

des œufs
un paquet de pâtes
un pot de mayonnaise
une boîte de haricots verts
une bouteille de coca

____ 1.

    A. l'épicerie

    B. le marché

    C. la boucherie

une salade
un melon
un kilo de courgettes
une livre de fraises

____ 2.

    A. la charcuterie

    B. le marché

    C. la boulangerie

un poulet
du porc
un morceau de bœuf

____ 3.

    A. la crémerie

    B. le marché

    C. la boucherie

du camembert
du beurre
un litre de lait
six yaourts
un morceau de fromage bleu

____ 4.

    A. la charcuterie

    B. la crémerie

    C. la pâtisserie

six tranches de jambon
500 grammes de pâté
du saucisson

____ 5.

    A. la pâtisserie

    B. la charcuterie

    C. la boucherie

un foulard
une jupe
un chapeau
une chemise

____ 6.

    A. la crémerie

    B. la charcuterie

    C. la boutique

B Based on where your friend is, suggest an item of clothing he/she might be wearing. *(4 points)*

1. Sabine est à la piscine avec des amis.

   _____

2. C'est le 31 décembre. Noémie est à une fête chic.

   _____

3. On est en janvier et il fait froid. Henri est au marché aux puces.

   _____

4. Karima est à l'école en cours d'EPS. Il fait beau.

   _____

C Match each item below with the color it is typically associated with. One item will NOT have a match. *(5 points)*

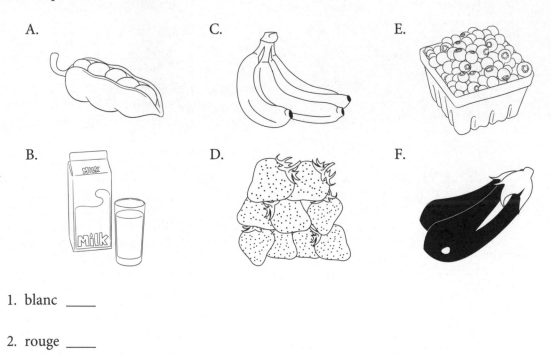

1. blanc _____

2. rouge _____

3. vert _____

4. jaune _____

5. bleu _____

Structure

A Select the correct form of the verb to complete the sentence. *(6 points)*

_____ 1. Marianne _____ un joli ensemble noir pour la fête de Stéphane.

A. achète   B. achètent   C. achètes

_____ 2. Julie et sa mère font leurs achats en ligne parce qu'elles ne _____ pas sortir.

A. veulent   B. veut   C. voulez

_____ 3. Pardon, madame? Est-ce que vous _____ des olives?

A. vendons   B. vendez   C. vends

_____ 4. Nous _____ toujours nos fruits et légumes au marché parce qu'ils sont bien frais.

A. achetons   B. achète   C. achetez

_____ 5. Qu'est-ce que tu _____ comme dessert? Du gâteau ou de la tarte aux pommes?

A. voulez   B. veut   C. veux

_____ 6. Nous _____ Thuy pour aller au marché aux puces.

A. attendons   B. attendent   C. attend

B Select the correct demonstrative adjective to complete the sentence based on the illustration. *(4 points)*

_____ 1. Vingt-cinq euros? C'est bon marché pour _____ baskets!

A. cet   B. ces   C. cette

_____ 2. _____ tarte a l'air bonne!

A. Cet   B. Ce   C. Cette

_____ 3. Je vais prendre _____ saucisson pour les sandwichs.

    A. cet   B. cette   C. ce

_____ 4. _____ ensemble vous va bien Mademoiselle.

    A. Cet   B. Ce   C. Cette

C Complete the sentence with the correct partitive article: **du, de la, des, de, d'**. *(4 points)*

1. Est-ce que vous avez _____ mayonnaise?

2. Ce commerçant ne vend pas _____ bons légumes.

3. Vous voulez _____ haricots verts avec le porc?

4. Tiens! Il y a _____ thon au marché aujourd'hui.

D You're shopping at the supermarket. Select the appropriate quantity for each item you're buying. One item will NOT have a match. *(6 points)*

A.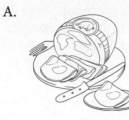

E.

B.

F.

C.

G.

D.

____ 1. une tranche

____ 2. une boîte

____ 3. un morceau

____ 4. un kilo

____ 5. un litre

____ 6. un pot

Proficiency Writing

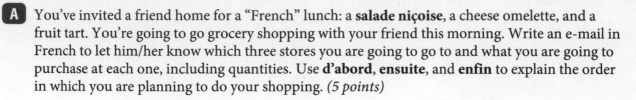 You've invited a friend home for a "French" lunch: a **salade niçoise**, a cheese omelette, and a fruit tart. You're going to go grocery shopping with your friend this morning. Write an e-mail in French to let him/her know which three stores you are going to go to and what you are going to purchase at each one, including quantities. Use **d'abord**, **ensuite**, and **enfin** to explain the order in which you are planning to do your shopping. *(5 points)*

B Write a conversation between the salesperson and the customer at a clothing boutique based on the illustrations. You should write at least five sentences in French. *(5 points)*

_____

_____

_____

_____

_____

_____

_____

_____

_____

_____

_____

Speaking Prep

A Put the lines of the dialogue in the most logical order from A to E. *(5 points)*

       A. First Line of Dialogue
       B. Second Line of Dialogue
       C. Third Line of Dialogue
       D. Fourth Line of Dialogue
       E. Fifth Line of Dialogue

_____ 1. Bon. Un kilo de pommes de terre, s'il vous plaît.

_____ 2. Bonjour, madame, les pommes de terre, c'est combien, le kilo?

_____ 3. C'est tout?

_____ 4. Deux euros dix, monsieur.

_____ 5. Non, je vais aussi prendre une livre de cerises. Merci.

Speaking

A   Imagine you're an exchange student in France. You need a new pair of jeans and a tee-shirt for **la rentrée**, so you're shopping at a local boutique. Answer the salesperson's questions. *(10 points)*

B   Role-play the following scene with a partner:

Imagine you are at a small grocery store in France making purchases for a picnic you're going to go on with two friends. Discuss what you need with the shop owner (your partner). *(10 points)*

A: Say hello and tell the shop owner what you need to make two kinds of sandwiches of your choice.

B: Ask your customer how much of each item he/she needs.

A: Answer the shop owner's questions and ask for two kinds of beverages of your choice. Be sure to use appropriate quantities for everything.

B: Ask your customer if he/she needs anything else.

A: Say that you'd like some fruit and ask how much a fruit of your choice costs.

B: Give the price of the fruit per kilogram.

Listening Comprehension

A Madame Lionnet is out grocery shopping this morning. Listen to her conversation with a shop owner and indicate whether the statement is true or false. Correct the statement in French if it is false. You will hear the conversation twice. *(5 points)*

1. Madame Lionnet est à la boucherie.

_____

2. Madame Lionnet achète une livre de pâté.

_____

3. Madame Lionnet achète un kilo de jambon.

_____

4. Le jambon est à dix euros cinquante le kilo.

_____

5. Madame Lionnet achète du saucisson.

_____

B Marine is getting ready to leave for a few days to go to her grandparents' beach house, and she's packing her suitcase. Listen to her monologue and select the suitcase that contains the items she packed. You will hear the monologue twice. *(5 points)*

_____ 1. A.   B.

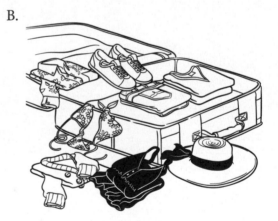

C.

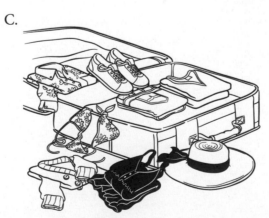

Reading

Read the excerpt from *Le Petit Nicolas* and answer the questions on the following page.

Le Petit Nicolas
par René Goscinny et Jean-Jacques Sempé

On a fait le marché avec papa

Après dîner, Papa a fait les comptes* du mois avec Maman.

—Je me demande* où passe* l'argent que je te donne, a dit Papa.
[...]

—Eh bien, puisque c'est comme ça*, tu feras les courses, toi qui es si malin*, a dit Maman.

—Parfaitement, a répondu Papa. Demain, c'est dimanche, et j'irai au marché. [...]
Le matin, j'ai demandé à Papa si je pouvais l'accompagner* et Papa a dit que oui, que
c'étaient les hommes qui faisaient le marché aujourd'hui. Moi j'étais drôlement
content, parce que j'aime bien sortir avec mon papa, et le marché, c'est chouette*.
[...]

—Bien, a dit Papa, nous allons prouver* à ta mère que c'est facile comme tout de faire le marché
[...].
Et puis, Papa s'est approché* d'une marchande qui vendait des tas* de légumes, il a regardé et il a
dit que les tomates, ce n'était pas cher.

—Donnez-moi un kilo de tomates, il a demandé, Papa.

La marchande a mis cinq tomates dans le filet à provisions* et elle a dit:

—Et avec ça, qu'est-ce que je vous mets?

Papa a regardé dans le filet, et puis il a dit:

—Comment? Il n'y a que cinq tomates dans un kilo?

—Et qu'est-ce que vous croyez*, a demandé la dame, que pour le prix vous aurez * une plantation*?

a fait les comptes *went over expenses*; **Je me demande** *I wonder*; **passe** *goes*; **puisque c'est comme ça** *if that's the case*; **malin** *smart*; **accompagner** *to go with*; **chouette** *cool*; **prouver** *to prove*; **s'est approché** *went close to*; **des tas** *loads*; **filet à provisions** *shopping bag*; **qu'est-ce que vous croyez** *what do you think*; **aurez** *will have*; **une plantation** *a whole field*

A Put the events of *Le Petit Nicolas* in the correct chronological order from A to E. *(6 points)*

        A. First Event   D. Fourth Event

        B. Second Event   E. Fifth Event

        C. Third Event   F. Sixth Event

_____ 1. Nicolas's mother suggests her husband should try doing the grocery shopping.

_____ 2. Nicolas's father is surprised that there are only five tomatoes in a kilo.

_____ 3. Nicolas and his father go to the market together.

_____ 4. Nicolas's parents have a discussion about how much money Nicolas's mother spends on groceries.

_____ 5. Nicolas's father asks a vendor for a kilo of tomatoes.

_____ 6. The vegetable vendor makes a joke.

B Answer the questions in English. *(4 points)*

1. Why do you think Nicolas's father is so surprised to see that there are only five tomatoes in a kilo? What does it suggest with regards to how often he does the grocery shopping?

_____

_____

_____

_____

_____

_____

2. Why is the vegetable vendor amused by Nicolas's father's reaction to the amount of tomatoes he got? Explain the joke she makes.

_____

_____

_____

_____

_____

_____

_____

Culture

A Look at the supermarket ad and answer the questions. *(3 points)*

1. List two items in the ad that you could also purchase at a **crémerie**.

   _____

   _____

2. In what department of the supermarket would you go to find **un sachet de 10 pains au chocolat**?

   _____

   _____

3. What do you think the abbreviation **kg**, which is used throughout the ad, stands for?

   _____

   _____

B Indicate the logical associations. One item will NOT have a match. *(7 points)*

     A. a market in North Africa
     B. a traditional piece of clothing worn in Africa
     C. a famous flea market near Paris
     D. a supermarket chain
     E. high fashion
     F. an item French people often purchase online
     G. the concept of *slow food*
     H. French food items

_____ 1. Auchan, Leclerc

_____ 2. un livre

_____ 3. le pâté, la tome de Savoie, le comté

_____ 4. un souk

_____ 5. Christian Lacroix, Coco Chanel

_____ 6. Saint-Ouen

_____ 7. un boubou

Unité 7 Test

Vocabulary

A Look at the floor plan of the house and decide if the statement is true or false. Correct the statement if it is false. *(4 points)*

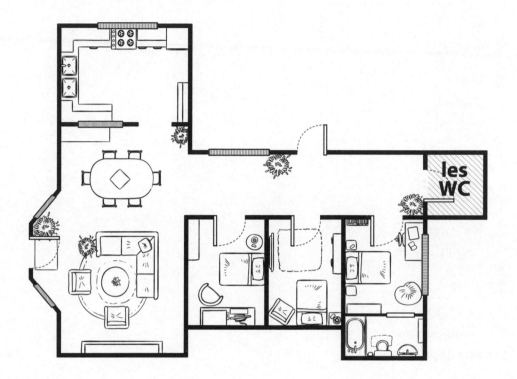

1. Cette maison a trois chambres.

    _____

2. Les W.C. sont au fond du couloir.

    _____

3. La salle de bains est à côté de la cuisine.

    _____

4. Dans le séjour, il y a une table et un lit.

    _____

B Select the item that does NOT belong with the others. *(6 points)*

_____ 1. A. un frigo
        B. un four
        C. un fauteuil
        D. un micro-onde

_____ 2. A. le sel
        B. le poivre
        C. le sucre
        D. les toilettes

_____ 3. A. le dîner
        B. l'étage
        C. le déjeuner
        D. le goûter

_____ 4. A. le placard
        B. la souris
        C. le clavier
        D. l'écran

_____ 5. A. un immeuble
        B. une maison
        C. un appartement
        D. une imprimante

_____ 6. A. une cuisinière
        B. une cuiller
        C. une fourchette
        D. une assiette

C Complete the sentence with a logical word or expression. *(5 points)*

1. L'appartement de Nathalie est au sixième _____.

2. Mohammed, est-ce que tu peux couper les aubergines _____?

3. On a besoin d'_____ pour couper le gâteau.

4. En France, quand on met le couvert, on met le couteau _____ de l'assiette.

5. Dans ma salle de bains, j'ai une douche et une _____.

Structure

A Select the correct ordinal number to complete the sentence. *(6 points)*

____ 1. Jeudi est le _____ jour.

    A. quatrième   B. troisième   C. dixième

____ 2. "C" est _____ dans l'alphabet.

    A. quatrième   B. troisième   C. neuvième

____ 3. Octobre est le _____ mois.

    A. premier   B. dixième   C. septième

____ 4. Février est le _____ mois.

    A. deuxième   B. troisième   C. dixième

____ 5. Lundi est le _____ jour.

    A. troisième   B. sixième   C. premier

____ 6. "G" est _____ dans l'alphabet.

    A. septième   B. quatrième   C. troisième

B Complete the sentence with the correct form of the verb in parentheses. *(10 points)*

1. Je _____ acheter un nouveau frigo pour mon appartement. *(devoir)*

2. Pierre, tu _____ le couvert pour le déjeuner? *(mettre)*

3. Nous ne _____ pas habiter dans cet immeuble, c'est trop cher. *(pouvoir)*

4. Les filles _____ beaucoup de sucre dans leur café. *(mettre)*

5. Les enfants, vous _____ prendre votre goûter avant quatre heures! *(devoir)*

6. Je _____ la lampe à droite du canapé et la table à gauche? *(mettre)*

7. 150 euros? Je ne _____ pas acheter ce logiciel. *(pouvoir)*

8. Mes grands-parents _____ vendre leur appartement. *(devoir)*

9. Nous _____ les assiettes dans l'évier? *(mettre)*

10. Est-ce que Julie et Marc _____ déjeuner à la maison avec nous? *(pouvoir)*

Make a comparison based on the illustration using the adjective in parentheses. *(4 points)*

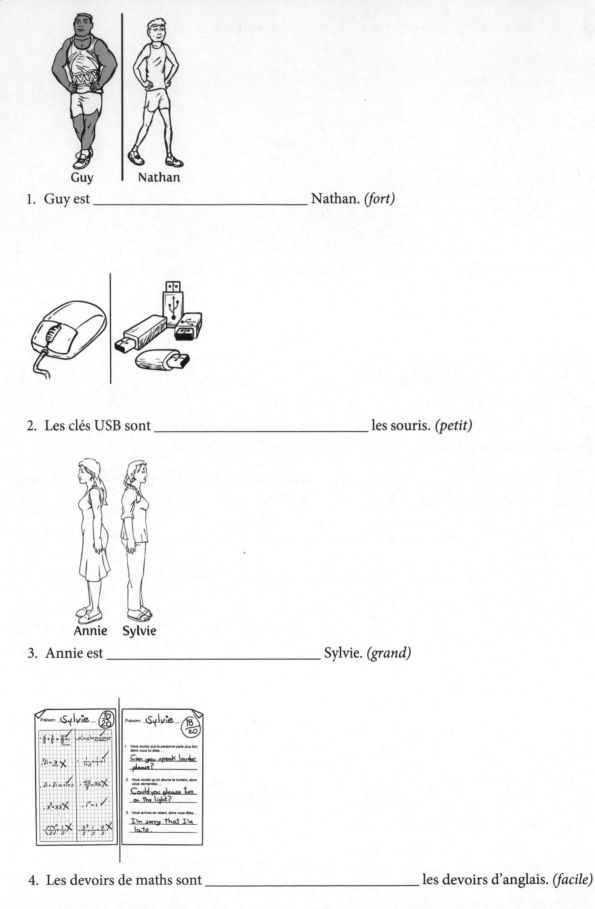

Guy   Nathan

1. Guy est _____ Nathan. *(fort)*

2. Les clés USB sont _____ les souris. *(petit)*

Annie   Sylvie

3. Annie est _____ Sylvie. *(grand)*

4. Les devoirs de maths sont _____ les devoirs d'anglais. *(facile)*

Proficiency Writing

_____

_____

_____

_____

_____

_____

_____

_____

_____

_____

_____

B Your French-speaking pen pal wants to know about housing where you live. Write him an e-mail describing your home. Mention the various rooms, explain where they are in relationship to one another, and describe your furnishings. Then, make a comparison between a typical American home and a French home, based on what you learned in **Unité 7**. You should write at least five sentences in French. *(5 points)*

Speaking Prep

A Identify the choice that you associate with the word or expression. There may be more than one correct response. *(5 points)*

____ 1. une souris
   A. je clique
   B. je télécharge
   C. j'imprime

____ 2. l'ordinateur
   A. je démarre
   B. je dois
   C. j'habite

____ 3. un logiciel
   A. je surfe
   B. j'ouvre
   C. je ferme

____ 4. une chanson
   A. je télécharge
   B. je paie
   C. j'imprime les paroles

____ 5. un lecteur MP3
   A. j'écoute
   B. je synchronise
   C. je navigue

Speaking

A Imagine you're going to spend several weeks in France. You need to find a vacation rental for your family, so you call a real estate agency in France. Answer the agent's questions regarding your real estate needs. (Your teacher will play the role of the real estate agent.) *(10 points)*

B Role-play the following scene with a partner:

You're having some computer problems today, so you're calling a tech help line. Discuss your problems with the tech person (your partner). *(10 points)*

A: Say hello and tell the tech person that your computer is starting fine but that you're having problems with the Internet and that you don't understand why.

B: Ask your customer if he/she can surf the Internet.

A: Answer that you are able to get on the Internet but that you cannot download any music from your favorite website.

B: Tell your customer that he/she must first close any open software to be able to download music.

A: Tell the tech person that you are closing the software, and confirm that you are now able to download music. Tell him/her that you're going to synchronize your MP3 player, thank him/her, and say goodbye.

B: Say goodbye.

Listening Comprehension

A Sonya is describing her building. Listen as she talks about her neighbors, and match their names with the floors they live on. One item will NOT have a match. You will hear the recording twice. *(5 points)*

        A. First Floor
        B. Second Floor
        C. Third Floor
        D. Fourth Floor
        E. Fifth Floor
        F. Sixth Floor

_____   1. Monsieur Jourdan

_____   2. Camille

_____   3. Mademoiselle Martin

_____   4. Monsieur Nguyen

_____   5. Amadou

B You will hear some messages left on several people's voicemail systems. Indicate which of the ads each person is calling about. You will hear the messages twice. *(5 points)*

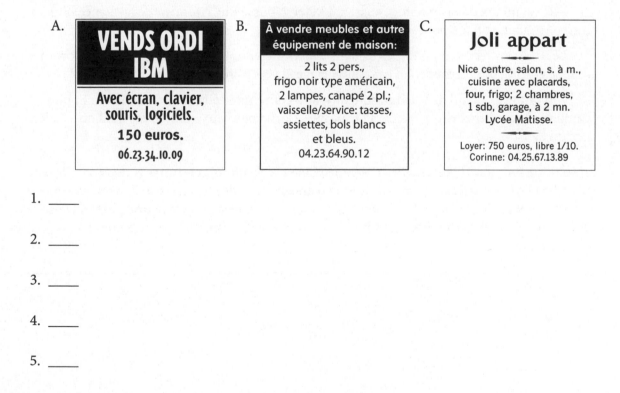

A.

VENDS ORDI IBM

Avec écran, clavier, souris, logiciels.
150 euros.
06.23.34.10.09

B.

À vendre meubles et autre équipement de maison:

2 lits 2 pers.,
frigo noir type américain,
2 lampes, canapé 2 pl.;
vaisselle/service: tasses,
assiettes, bols blancs
et bleus.
04.23.64.90.12

C.

Joli appart

Nice centre, salon, s. à m.,
cuisine avec placards,
four, frigo; 2 chambres,
1 sdb, garage, à 2 mn.
Lycée Matisse.

Loyer: 750 euros, libre 1/10.
Corinne: 04.25.67.13.89

1. _____

2. _____

3. _____

4. _____

5. _____

Reading

Read the excerpt from *Danger sur la côte d'Azur* and answer the questions on the following page.

Danger sur la côte d'Azur
par Joseph F. Conroy

[...] La villa des Cau est perchée sur une petite colline*. Tout près, on peut voir les eaux scintillantes* de la mer Méditerranée et une belle plage* privée. Une terrasse très large se trouve entre la maison et une piscine. La maison blanche a un toit en tuiles rouges* typique du Midi.

—Venez avec moi, dit Anne comme ils entrent dans la maison. Je vais vous montrer* votre chambre. C'est par ici.

—Bon, dit Madame Cau. Moi, je vais préparer quelque chose à manger. Nous allons déjeuner tard* aujourd'hui. Regardez, il est déjà deux heures passées!

Les trois jeunes* gens traversent* la salle de séjour et suivent un couloir tout illuminé par des lucarnes*. Au bout du couloir il y a trois portes.

—Votre chambre est là, à droite, dit Anne. C'est la chambre de mon frère, mais il est en Espagne avec des amis. Ma chambre est à gauche. La salle de bains est ici, entre les deux chambres. Vous aurez* le temps, je crois, de défaire vos valises* avant le déjeuner. Revenez sur vos pas dans la salle de séjour. Je vous attends là-bas.

Peter et Antoine remercient* Anne et vont dans leur nouvelle chambre. Elle est grande et pleine de lumière. Au fond de la pièce il y a une porte à coulisse* qui donne sur une autre terrasse en face de la mer*. Dans la chambre, il y a deux lits, un bureau, une armoire énorme en bois sculpté*, deux fauteuils, une petite table et même un ordinateur.

—Mais, c'est incroyable! dit Antoine. C'est mieux que ma propre chambre à Rockford!

—C'est mieux que la mienne* aussi, dit Peter. Nous avons vraiment de la chance. Et nous pourrons* aller en ligne pour envoyer des courriels!

Les deux Américains défont alors leurs valises. Peter finit le premier. Il ouvre la porte à coulisse et sort sur la terrasse. En bas, sur la plage, il voit Anne.

—Il fait trop chaud dans la maison, dit-elle à voix haute* quand elle voit Peter. Et puis, Maman va passer encore une heure à la cuisine. Alors, vous deux, mettez vos maillots et allons faire du bateau! [...]

une colline *hill*; **scintillantes** *glistening*; **une plage** *beach*; **un toit en tuiles rouges** *red tile roof*; **montrer** *to show*; **tard** *late*; **jeunes** *young*; **traversent** *cross*; **des lucarnes** *small windows*; **aurez** *will have*; **défaire vos valises** *to unpack your suitcases*; **remercient** *thank*; **une porte à coulisse** *sliding door*; **la mer** *sea*; **en bois sculpté** *in engraved wood*; **la mienne** *mine*; **pourrons** *can*; **à voix haute** *out loud*

A Read the text and indicate whether the statement accurately describes what happens in the story by writing **oui** or **non**. *(5 points)*

_____ 1. The characters in the story include two young men and a young woman.

_____ 2. Peter and Antoine are just arriving at the Cau's villa.

_____ 3. The story takes place in the evening.

_____ 4. The Americans are staying in Anne's brother's room because he is away at school.

_____ 5. Antoine and Peter are happy with the room in which they are staying.

B Read the text again if necessary, and answer the questions. *(5 points)*

1. What do the boys do when they get to their room? Where is Anne at this time? What does she invite them to do and why? Explain in English.

_____

_____

_____

_____

_____

_____

2. Make a list (in French) of all the rooms mentioned and the pieces of furniture in Antoine and Peter's room.

_____

_____

_____

_____

_____

_____

Culture

A Select the correct response to complete the statement. There may be more than one correct answer. *(7 points)*

_____ 1. _____ are reserved for low-income households.
A. HLM
B. Maisons individuelles
C. Riads

_____ 2. In French homes, **les W.C.** are sometimes found _____.
A. in their own small room
B. next to the utility room
C. in the bathroom

_____ 3. Algeria obtained its independence from France in _____.
A. 1955
B. 1962
C. 1968

_____ 4. _____ is a traditional type of home found in North Africa.
A. Kasbah
B. Khaima
C. Riad

_____ 5. The city of Marseille is an important center for _____.
A. underwater exploration
B. maritime transportation
C. the helicopter industry

_____ 6. The artistic work of _____ is associated with Provence.
A. les Acadiens
B. Cézanne
C. Natasha St-Pier

_____ 7. During _____, about 13,000 Francophone Acadians were forced to leave Nova Scotia.
A. le Grand Dérangement
B. le Nouveau-Brunswick
C. le raï

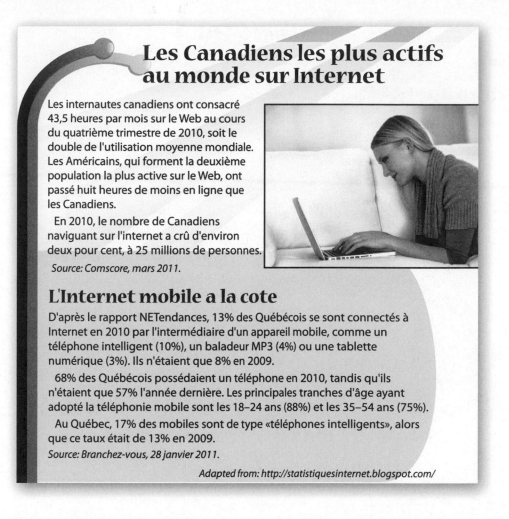

Les Canadiens les plus actifs au monde sur Internet

Les internautes canadiens ont consacré 43,5 heures par mois sur le Web au cours du quatrième trimestre de 2010, soit le double de l'utilisation moyenne mondiale. Les Américains, qui forment la deuxième population la plus active sur le Web, ont passé huit heures de moins en ligne que les Canadiens.

En 2010, le nombre de Canadiens naviguant sur l'internet a crû d'environ deux pour cent, à 25 millions de personnes.

Source: Comscore, mars 2011.

L'Internet mobile a la cote

D'après le rapport NETendances, 13% des Québécois se sont connectés à Internet en 2010 par l'intermédiaire d'un appareil mobile, comme un téléphone intelligent (10%), un baladeur MP3 (4%) ou une tablette numérique (3%). Ils n'étaient que 8% en 2009.

68% des Québécois possédaient un téléphone en 2010, tandis qu'ils n'étaient que 57% l'année dernière. Les principales tranches d'âge ayant adopté la téléphonie mobile sont les 18–24 ans (88%) et les 35–54 ans (75%).

Au Québec, 17% des mobiles sont de type «téléphones intelligents», alors que ce taux était de 13% en 2009.

Source: Branchez-vous, 28 janvier 2011.

Adapted from: http://statistiquesinternet.blogspot.com/

_____ 1. According to the article, Canadians are the biggest Internet users in the world, with over 40 hours per month spent on the Internet.

_____

_____ 2. People in Quebec are increasingly using mobile devices to connect to the Internet.

_____

_____ 3. According to the article, 68% of people between the ages of 18 and 24 own a mobile phone.

_____

Unité 8 Test

Vocabulary

A Select the best caption for the image. *(5 points)*

____ 1.

    A. C'est l'été. Il fait du soleil   B. Il fait froid aujourd'hui.   C. La température est de deux degrés.

____ 2.

    A. Ouaf ouaf!   B. Cui cui!   C. Glou glou!

____ 3.

    A. Tu as envie de faire du bateau sur le fleuve avec moi?   B. La statue est sur la place de la Concorde.   C. Il fait mauvais aujourd'hui et j'ai froid.

____ 4.

    A. La gare? Elle est sur la place du Marché, après le pont.   B. On a trouvé une banque dans la rue de la République, derrière la poste.   C. On a visité la cathédrale Notre-Dame de Paris. C'est un beau monument!

_____ 5.

A. C'est l'hiver. Il neige. Marina a froid parce qu'il fait zéro degré!

B. À l'automne, il fait souvent frais et il y a du vent.

C. Il a fait très beau la semaine dernière et nous avons fait des promenades au parc.

B Look at Maxime's calendar and complete the sentences on the next page to express when he did the activity in question. Today is Monday, May 16th. *(5 points)*

lundi	mardi	mercredi	jeudi	vendredi	samedi	dimanche
						1
2	3	4	5	6	7 Weekend à Lyon chez tante Lucie	8 Weekend à Lyon chez tante Lucie
9 musée du Louvre	10 musée du Louvre	11 Gare --17h20 (Mathilde)	12	13 Examen de maths	14	15 9h00 tour Eiffel 21h30 film
16 vacances Bateau avec Paul, Sylvie, et Cédric	17	18	19	20 19h45 restaurant Le Fou du Roy avec Alice	21	22 Bateau avec Paul, Sylvie, et Cédric
23	24	25	26 Bateau avec Paul, Sylvie, et Cédric	27	28	29
30	31					

1. Maxime a vu un film au cinéma _____.

2. _____, Maxime a fait du bateau avec des amis.

3. Maxime est allé à la gare _____.

4. Maxime est monté à la tour Eiffel _____.

5. Maxime a visité le Louvre _____ (lundi et mardi).

C You're spending a week in Paris with some classmates. Suggest an activity to do based on the cue below. Write a complete sentence. *(5 points)*

1. Pascale et Larissa aiment les beaux tableaux et les statues.

_____

2. Il fait beau et ton ami et toi, vous aimez vous promener et voir de vieux monuments.

_____

3. Il fait froid ce soir. Lucas et Pierre ont envie d'une boisson chaude et de bons gâteaux français.

_____

4. Ahmed et Julie aiment faire du shopping pour leurs amis.

_____

5. Je suis très fatiguée ce soir et il est déjà 23h45.

_____

Structure

A Select the correct form of the adjective to complete the sentence. *(5 points)*

_____ 1. Luc habite dans un _____ immeuble sur la place des Vosges.

       A. vieil   B. vieux   C. vieille

_____ 2. Où est le _____ aéroport? Je prends l'avion pour Marseille à 18h45.

       A. nouvel   B. nouveau   C. nouvelles

_____ 3. Nous avons beaucoup aimé Orsay. C'est un _____ musée.

       A. bel   B. beaux   C. beau

_____ 4. C'est votre chien? Quel _____ animal!

       A. beau   B. bel   C. belle

_____ 5. Notre-Dame est une _____ cathédrale parisienne.

       A. vieil   B. vieille   C. vieux

B Complete the sentence in the present tense using an appropriate expression with **faire** or **avoir**. *(5 points)*

1. Véronique _____ une religieuse!

2. Monsieur et Madame Charpentier _____ au parc le matin.

3. Il fait trente degrés aujourd'hui! Les garçons, vous _____?

4. Tu prends du poulet *et* du porc? Tu _____!

5. Julien _____ au supermarché Leclerc parce que c'est bon marché.

C Complete the sentence with the **passé composé** of the verbal expression in parentheses. *(10 points)*

1. Les parents de Sylvie _____ un cadeau à leur fille pour son bac: un voyage à Paris! *(déjà offrir)*

2. Il a fait très froid hier soir, alors Madame Potier et sa fille

   _____ à leur hôtel après le film. *(vite retourner)*

3. Il _____ hier matin! *(beaucoup pleuvoir)*

4. Vous _____ dans l'avion? *(assez manger)*

5. Il a fait très mauvais à Montréal cet hiver alors mon mari et moi, nous

   _____. *(peu sortir)*

6. Les touristes _____ monter à Montmartre. *(ne pas vouloir)*

7. Sophie _____ du musée? *(déjà revenir- use inversion)*

8. Tu _____ sur le bateau hier? *(ne pas avoir chaud)*

9. Je _____ mon livre sur Victor Hugo. *(ne pas finir)*

10. Pauline _____ au restaurant le mois dernier. *(peu aller)*

Proficiency Writing

 A You'll be hosting an exchange student from Canada next year. Write him/her an e-mail in French to let him/her know what the weather is like in your area during various seasons. Then tell him/her what you and your friends do for fun throughout the year. Mention at least two activities you do in each season. *(5 points)*

_____

_____

_____

_____

_____

_____

_____

_____

_____

_____

_____

_____

B Jérémy and his friends spent last weekend in Paris. In the space provided on the next page, describe what they did, based on the illustrations. You should write at least 10 sentences in the **passé composé**. *(5 points)*

Speaking Prep

A Select the best answer to the question. *(5 points)*

_____ 1. Où est-ce que vous êtes allé(e) le weekend dernier?
     A. Je suis allé(e) en ville avec des amis.
     B. J'ai passé un bon weekend.
     C. Il a fait beau le weekend dernier.

_____ 2. Qu'est-ce que vous avez fait en ville?
     A. Il a fait froid et il a beaucoup plu.
     B. D'abord, nous sommes allés visiter un musée.
     C. L'hôtel de ville est sur la place des Armes.

_____ 3. Et l'après-midi, vous avez fait une promenade?
     A. Oui, nous avons vu beaucoup de vieux monuments.
     B. Oui, nous avons acheté des éclairs.
     C. Oui, c'est une bonne idée!

_____ 4. Il a fait quel temps?
     A. Il a fait un peu frais le matin et il a fait beau l'après-midi.
     B. J'aime beaucoup le printemps parce qu'il fait beau.
     C. On a eu faim et on est allé au café.

_____ 5. Vous avez passé une bonne journée?
     A. Oui, on a passé une journée désagréable!
     B. Oui, on a passé une journée chouette!
     C. Oui, exactement!

Speaking

A Your instructor will ask you questions about your family's most recent weekend getaway. Answer his/her questions in complete sentences. *(10 points)*

B Role-play the following scene with a partner:

You are conducting a survey to find out about your classmates' favorite and least favorite activities during various times of the year. Interview your partner. *(10 points)*

A: Ask your partner what his/her favorite and least favorite seasons are and why.

B: Respond giving details.

A: Ask your partner what he/she likes to do during his/her favorite season.

B: Mention at least three activities you enjoy and explain why you like each one.

A: Ask your partner what he/she did last time it rained or snowed.

B: Answer your partner's question.

Listening Comprehension

A Listen to the weather forecast and indicate whether the sentence is accurate or not. You will hear the passage twice. *(5 points)*

_____ 1. Il va faire beau à Paris aujourd'hui.

_____ 2. On est en automne.

_____ 3. À Lille, on a besoin d'un manteau ce matin!

_____ 4. On va avoir froid à Lyon et il va neiger dans la journée.

_____ 5. À Marseille, on va pouvoir manger à la terrasse des cafés aujourd'hui.

B Annabelle is lost in Paris, so she asks someone for help. Listen to the conversation and select the correct sentence completion. There may be more than one correct response. You will hear the conversation twice. *(5 points)*

_____ 1. Annabelle a besoin _____.

    A. d'argent   B. de souvenirs   C. d'un guide touristique

_____ 2. Sur l'avenue Martin, il y a _____.

    A. une banque   B. une poste   C. une bouche de métro

_____ 3. Sur la place de la Gare, il y a _____.

    A. l'hôtel de ville   B. la Banque Nationale   C. un magasin de souvenirs

_____ 4. La bouche de métro est à côté _____.

    A. de la poste   B. du pont   C. du magasin de souvenirs

_____ 5. Annabelle va acheter _____.

    A. des éclairs   B. un guide touristique   C. des souvenirs

Reading

Dans le métro
par Dominique Lézy

Il fait froid ce matin, l'hiver approche*. Il neige déjà dans les Alpes et le Massif central. Philippe Caseneuve marche* vite. Heureusement qu'il habite à cinq minutes seulement de la station de métro! Philippe pense déjà aux vacances de Noël*. Cette année, il va aller à Combloux, une petite station*, en Haute-Savoie.

—J'espère que Pascal va venir aussi..., pense Philippe.

Pascal, c'est son copain. Ils sont dans la même classe et ont le même âge: quinze ans. Tous les deux aiment le sport et vont souvent ensemble à la piscine ou au stade.

Sur le quai* du métro, il y a déjà beaucoup de monde*: des gens* qui vont au travail—des employés de bureau, des vendeuses et aussi des lycéens comme lui. Philippe prend le métro à la station Daumesnil. Son lycée est à la station Bastille. De Daumesnil à Bastille, il y a cinq stations: Montgallet, Reuilly-Diderot, Faidherbe-Chaligny, Ledru-Rollin, Bastille. Philippe prend le métro deux fois par jour*: le matin, à sept heures et demie et le soir, à cinq heures et quart, quand il rentre à la maison. A midi, il mange à la cantine, parce que sa mère travaille et n'a pas le temps de préparer le déjeuner.

Voilà le train. Philippe monte comme d'habitude* dans le premier wagon. Ding! les portes se ferment. Le train se met en marche lentement*. Comme il y a beaucoup de monde, Philippe reste debout*.

Philippe lève la tête; il relit pour la centième fois ces écriteaux* qu'il connaît par cœur*:

21 voyageurs* assis, 123 voyageurs debout.

Offrez votre place aux personnes âgées.

[...]

Les panneaux publicitaires* sont à peine plus drôles:

Pour vos salades, la meilleure huile*, c'est *Solor*.

Il est interdit de fumer, même une *Gallia*.

Idéal de Chaval, le parfum de l'homme brun.

Philippe ne s'ennuie jamais* dans le métro: souvent, il observe les voyageurs. C'est très amusant. Ce gros monsieur qui dort debout*, par exemple. "Il va rater* sa station," pense Philippe. Mais non: à la station Reuilly-Diderot, le gros monsieur ouvre les yeux et descend très vite. Il y a aussi cette femme rousse très élégante. Elle porte un manteau vert très habillé et un collier de perles*. Philippe la connaît: elle habite dans la même maison que lui, au deuxième étage à droite. Elle s'appelle Madame Royer; elle vit seule* et ne parle jamais avec les voisins*. "Elle n'est pas très sympathique," pense Philippe. En face de la dame rousse, il y a un homme brun, assez jeune. Philippe le reconnaît: il le voit souvent dans le métro, le matin.

approche *is nearing;* **marche** *walks;* **vacances de Noël** *Christmas vacation;* **station** *ski resort;* **le quai** *platform;* **beaucoup de monde** *a lot of people;* **des gens** *people;* **deux fois par jour** *twice a day;* **comme d'habitude** *as usual;* **se met en marche lentement** *slowly starts to move;* **debout** *standing;* **écriteaux** *signs;* **il connaît par cœur** *he knows by heart;* **voyageurs** *passengers;* **panneaux publicitaires** *ads;* **huile** *oil;* **ne s'ennuie jamais** *never gets bored;* **qui dort debout** *who's dead on his feet;* **rater** *to miss;* **collier de perles** *pearl necklace;* **elle vit seule** *she lives alone;* **les voisins** *neighbors*

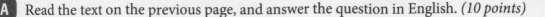

A Read the text on the previous page, and answer the question in English. *(10 points)*

1. What is the weather like as Philippe, the main character, makes his way to the subway station?

    _____

2. What is Philippe thinking about this morning on his way to the subway station?

    _____

3. Based on what Philippe says, how would you describe his relationship with Pascal?

    _____

    _____

4. What kinds of people are waiting for the subway at the station when Philippe arrives?

    _____

5. Where is Philippe going this morning?

    _____

6. When does Philippe typically ride the subway on weekdays?

    _____

7. Why does Philippe not go home at lunch?

    _____

8. How does Philippe pass time in the subway?

    _____

9. Which passengers does Philippe know? How?

    _____

    _____

10. Does Philippe appear to enjoy riding the subway? How do you know?

    _____

    _____

Culture

A Indicate the logical associations. One item will NOT have a match. *(5 points)*

    A. a place to enjoy French pastries
    B. a natural disaster in Haiti
    C. *Notre-Dame de Paris*
    D. Napoleon
    E. 7,000 tons of steel
    F. **art nouveau**

____ 1. le 12 janvier 2010

____ 2. la tour Eiffel

____ 3. l'arc de triomphe

____ 4. le salon de thé Ladurée

____ 5. Victor Hugo

B Select the correct response to the question based on the information in the brochure. *(5 points)*

_____ 1. How long did it take to build the **tour Eiffel**?

A. one year

B. a little over two years

C. close to ten years

_____ 2. Which monument could you visit to enjoy a beautiful view of Paris?

A. basilique du Sacré-Cœur de Montmartre

B. tour Eiffel

C. Both answers are correct.

_____ 3. How many Parisian avenues begin at the **arc de triomphe**?

A. twelve

B. two

C. twenty

_____ 4. Where would you get off the subway to go see the basilica in Montmartre?

A. Montmartre / Pigalle / Trinité

B. Anvers

C. Bir Hakeim

_____ 5. Aside from enjoying the view, what can you do while visiting the Eiffel Tower?

A. go shopping and go to a restaurant

B. stroll in the streets of Montmartre

C. go souvenir hunting on the famous Champs-Élysées

Unité 9 Test

Vocabulary

A Stéphane is not feeling well these days. Associate each sentence to the body part it refers to. One item will NOT have a match. *(5 points)*

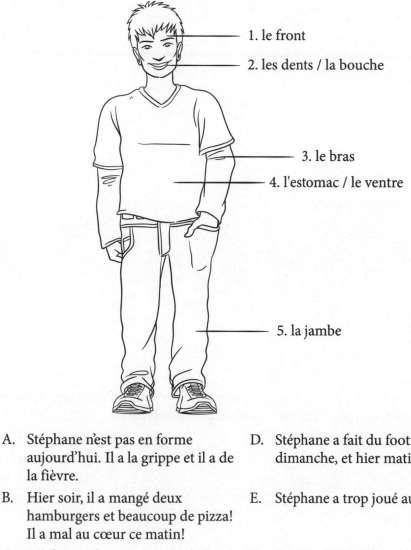

1. le front
2. les dents / la bouche
3. le bras
4. l'estomac / le ventre
5. la jambe

A. Stéphane n'est pas en forme aujourd'hui. Il a la grippe et il a de la fièvre.

B. Hier soir, il a mangé deux hamburgers et beaucoup de pizza! Il a mal au cœur ce matin!

C. Stéphane a beaucoup grandi et ses chaussures sont trop petites!

D. Stéphane a fait du footing samedi, dimanche, et hier matin.

E. Stéphane a trop joué au tennis hier.

F. Stéphane doit aller voir le dentiste.

1. ____

2. ____

3. ____

4. ____

5. ____

B Select the item that does NOT logically belong with the others. *(5 points)*

____ 1. A. l'énergie nucléaire

B. une éolienne

C. des panneaux solaires

D. une voiture hybride

____ 2. A. des frissons

B. un rhume

C. mal au cœur

D. avoir bonne mine

____ 3. A. un ours

B. un gorille

C. un tigre

D. une montagne

____ 4. A. la marée noire

B. sauvegarder l'environnement

C. la pollution

D. l'effet de serre

____ 5. A. le fitness

B. l'aérobic

C. une maladie

D. être en forme

C Based on the image, indicate whether the statement is true or false. Correct the statement if it is false. You should write a complete sentence in French. *(5 points)*

____ 1. Monica n'est pas en forme aujourd'hui. Elle a la grippe.

_____

_____ 2. Pour sauvegarder l'environnement, les Petit ont installé des éoliennes sur le toit de leur maison.

_____

_____ 3. Ahmed s'engage pour l'environnement: il va à l'école à pied.

_____

_____ 4. Ouille! Monsieur Ponthier n'est pas en forme. Il a mal au dos.

_____

_____ 5. Pour rester en forme, Madame Jussieu prend des antirétroviraux cette semaine.

_____

Structure

A Select the correct article to complete the sentence. *(4 points)*

____ 1. Il y a encore _____ beaux ours à la montagne?

        A. de   B. des   C. d'

____ 2. Pardon, monsieur, vous avez _____ petits pois biologique?

        A. de   B. des   C. le

____ 3. Recycler et protéger les beaux espaces? Ce sont _____ bonnes idées!

        A. des   B. de   C. une

____ 4. Ces deux filles sont _____ pollueuses!

        A. de   B. des   C. le

B Pascaline is very environmentally conscious. Would she say that one should or should not do the following? Complete the sentence with the affirmative or the negative present tense form of **falloir**. *(4 points)*

1. _____ faire les courses dans les magasins biologiques.

2. À mon avis, _____ beaucoup circuler à pied ou à vélo.

3. Je pense qu'_____ continuer à mettre des engrais chimiques sur les fruits et les légumes.

4. _____ aider à sauvegarder les animaux en voie de disparition.

C Select the correct verb form to complete the sentence. *(6 points)*

____ 1. Les accompagnateurs du Rwanda viennent _____ des antirétroviraux aux malades.

        A. donnent   B. donnez   C. donner

____ 2. Jules, _____ de bonnes résolutions pour protéger l'environnement!

        A. prends   B. prendre   C. prenez

____ 3. Il faut _____ pour rester en forme.

        A. bouger   B. a bougé   C. bouge

____ 4. Vous avez la grippe? Alors, _____ à boire du jus d'orange et à manger de la soupe.

        A. penser   B. pensez   C. pense

____ 5. Du foot? Non, nous préférons _____ du fitness.

        A. faire   B. faisons   C. fais

____ 6. Moi, je désire _____ au courant de ce que les usines font pour protéger l'environnement.

        A. être   B. suis   C. sont

D Nathan has many good ideas and suggestions for a healthy lifestyle. Complete what he says with a logical imperative in the affirmative or negative. Base your response on the illustration and use the form that corresponds to the given pronoun. *(6 points)*

1. Pour être en forme, _____ des légumes biologiques! *(nous)*

2. _____ les boîtes, le papier, et le plastique! *(vous)*

3. Sophie, _____ de l'aérobic avec moi le samedi! *(tu)*

4. Les filles, _____ toujours en voiture! *(vous)*

5. _____ des éoliennes! *(nous)*

6. Tran, _____ tes e-mails! *(tu)*

Proficiency Writing

A You've decided that your family should have a greener lifestyle. Make a list of five things in French you could or should do to implement this resolution. Use each of the following expressions at least once and include one sentence in the **nous** form of the imperative.

il faut   il ne faut pas   je suis prêt(e) à   je pense que

_____

_____

_____

_____

_____

_____

_____

_____

_____

_____

_____

_____

_____

_____

B Invent and write a conversation in French between **une malade imaginaire** (a hypochondriac), who is complaining about all sorts of illnesses and pains, and her family doctor. The doctor tries to give his patient some advice for a healthier lifestyle, but she reacts negatively to every single piece of advice and makes excuses. *(5 points)*

_____

_____

_____

_____

_____

_____

_____

_____

_____

_____

_____

_____

Speaking Prep

A Select the logical category you associate with the word or expression. *(5 points)*

_____ 1. les marées noires
   A. an ailment
   B. an environmental problem
   C. a healthy lifestyle habit

_____ 2. l'énergie solaire
   A. an ailment
   B. an environmental problem
   C. a possible solution to the environmental crisis

_____ 3. la grippe
   A. an ailment
   B. a healthy lifestyle habit
   C. a possible solution to the environmental crisis

_____ 4. faire une cure thermal
   A. a healthy lifestyle habit
   B. an environmental problem
   C. a possible solution to the environmental crisis

_____ 5. les voitures électriques
   A. an ailment
   B. an environmental problem
   C. a possible solution to the environmental crisis

Speaking

A You are participating in a survey about the protection of the environment. Your teacher will play the role of the journalist administering the survey. Answer his/her questions in complete sentences. *(10 points)*

B Role-play the following scene with a partner:

While on a trip to Quebec, you begin to feel sick so you decide to go see a doctor (your partner). *(10 points)*

A: Tell your partner that he/she is looking sick and ask what's wrong.

B: Explain to the doctor what you think is wrong with you and describe your symptoms.

A: Ask your partner questions to find out more about his/her lifestyle, including if he/she exercises, if he/she eats well, etc.

B: Respond to the doctor's questions giving details about your health habits.

A: Give your partner your diagnosis and give him/her some advice on what he/she should do to feel better.

B: React to the doctor's suggestions.

Listening Comprehension

A Yvette is the chair of a committee that works for the protection of the environment. Today she's giving a speech to a group of students. Listen and select all the items she mentions in her speech. You will hear the passage twice. *(5 points)*

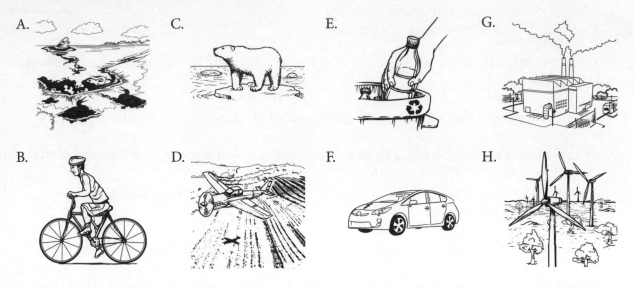

A.

C.

E.

G.

B.

D.

F.

H.

B Listen to the conversation and answer the question in English. You will hear the conversation twice. *(5 points)*

1. What does Simon immediately notice when he first sees Anne-Sophie?

_____

_____

2. What has changed in Anne-Sophie's routine with regards to physical activity?

_____

_____

3. What does Anne-Sophie now do on Thursday mornings? Why?

_____

_____

4. What happened to Simon last week? What were his symptoms?

_____

_____

5. What does Anne-Sophie ask Simon to do?

_____

_____

Reading

Read the following excerpt from *Le Petit Nicolas* and complete the exercises on the following page.

Le Petit Nicolas
par René Goscinny et Jean-Jacques Sempé

Je suis malade

Le docteur est venu ce matin. Quand il est entré dans ma chambre, j'ai pleuré, mais plus par habitude* que pour autre chose, parce que je le connais* bien, le docteur, et il est rudement gentil*. Et puis ça me plaît* quand il met la tête sur ma poitrine, parce qu'il est tout chauve* et je vois son crâne qui brille* juste sous mon nez et c'est amusant. Le docteur n'est pas resté longtemps, il m'a donné une petite tape sur la joue* et il a dit à maman: "Mettez-le à la diète* et surtout, qu'il reste couché*, qu'il se repose*." Et il est parti.

Maman m'a dit "Tu as entendu ce qu'a dit le docteur. J'espère que tu vas être très sage et très obéissant*." [...]

J'ai pris un livre et j'ai commencé à lire, c'était chouette avec des images partout et ça parlait d'un petit ours qui se perdait dans la forêt où il y avait des chasseurs*. [...]

Tout ça, ça me donnait de plus en plus faim [...] alors je me suis levé* pour aller voir s'il n'y aurait pas quelque chose de bon dans la glacière*.

Il y avait des tas de bonnes choses, dans la glacière. On mange très bien à la maison. J'ai pris dans mes bras une cuisse de poulet, c'est bon froid, du gâteau à la crème et une bouteille de lait. "Nicolas!" j'ai entendu crier* derrière moi. [...] C'était maman [...]. J'ai pleuré. [...] Alors, maman n'a rien dit. [...] De retour dans mon lit, [...] j'ai décidé de dessiner*. [...] J'ai pris [...] le vieux stylo de papa. [...] Comme je ne faisais pas de bruit* depuis un moment, maman est venue voir ce qui se passait*. Elle s'est mise à crier de nouveau. Il faut dire que le stylo de papa perd un peu d'encre*. [...] Je me suis mis de l'encre partout*. [...] Maman était fâchée*. [...]

Le soir, le docteur est venu mettre sa tête sur ma poitrine, je lui ai tiré la langue*, il m'a donné une petite tape sur la joue et il m'a dit que j'étais guéri* et que je pouvais me lever.

Mais on n'a vraiment pas de chance* avec les maladies, à la maison, aujourd'hui. Le docteur a trouvé que maman avait mauvaise mine et il lui a dit de se coucher et de se mettre à la diète.

plus par habitude *more out of habit than anything else*; **je le connais** *I know him*; **rudement gentil** *very nice*; **ça me plaît** *I like it*; **chauve** *bald*; **crâne qui brille** *shiny bald head*; **une petite tape sur la joue** *a pat on the cheek*; **Mettez-le à la diète** *Keep him on a strict diet*; **qu'il reste couché** *he should stay in bed*; **qu'il se repose** *he should rest*; **très sage et très obéissant** *well-behaved and obedient*; **des chasseurs** *hunters*; **je me suis levé** *I got up*; **la glacière** *fridge*; **crier** *to scream*; **dessiner** *to draw*; **je ne faisais pas de bruit** *I wasn't making any noise*; **ce qui se passait** *what was going on*; **perd un peu d'encre** *leaks ink*; **je me suis mis de l'encre partout** *I got ink all over myself*; **était fâchée** *was mad*; **je lui ai tiré la langue** *I stuck my tongue out (made a face)*; **j'étais guéri** *I was cured*; **chance** *luck*

A Indicate whether the statement is true or false. If it is false, correct the statement in English. *(7 points)*

_____ 1. The doctor came because Nicolas's mother was not feeling well in the morning.

_____

_____ 2. The doctor recommends more exercise for Nicolas.

_____

_____ 3. Nicolas first decides to read a book about a bear.

_____

_____ 4. As he is reading his book, Nicolas gets hungry.

_____

_____ 5. Nicolas follows the doctor's advice when it comes to food.

_____

_____ 6. Nicolas decides to stop reading and to draw instead.

_____

_____ 7. Nicolas's mother gets mad at him again because he drew with an old pen and got ink all over himself.

_____

B When the doctor comes back in the evening, he notices that Nicolas's mother **a mauvaise mine**. Why do you think that is? Answer the question in English. *(3 points)*

_____

_____

_____

_____

_____

_____

_____

_____

Culture

A Select the item that can be logically associated with the word or expression. *(6 points)*

_____ 1. la capitale du Rwanda
   A. Hutus
   B. Kigali
   C. Kinyarwanda

_____ 2. le thermalisme
   A. Évian
   B. Vittel
   C. Both A and B

_____ 3. un système d'assurance financé par les salariés et les compagnies
   A. la sécurité sociale
   B. le VIH
   C. les accompagnateurs

_____ 4. les Verts
   A. un parti politique français pour la protection de l'environnement
   B. un système de location de vélo à Paris
   C. les gens au Rwanda qui vont voir les malades qui n'ont pas accès à un hôpital

_____ 5. un système de location de bicyclettes avec 20.000 bicyclettes dans 1.200 stations
   A. Tutsis
   B. Vélib
   C. Vichy

_____ 6. la restauration rapide en France
   A. des menus basses calories
   B. des produits naturels
   C. Both A and B

B Read the brochure **Les bons gestes au quotidien** from the **Fondation pour la nature et l'homme**, and summarize in English four of the suggestions. *(4 points)*

Les bons gestes au quotidien

1. J'éteins la lumière et les appareils électriques sans les laisser en position veille.

2. Je baisse le chauffage.

3. Je prends une douche rapide plutôt qu'un bain.

4. Je n'utilise l'eau chaude que quand j'en ai vraiment besoin.

5. Je ne gaspille pas le papier, par example, j'utilise les deux faces d'une feuille.

6. J'achète des produits respectueux de l'environnement.

7. Je trie mes déchets.

8. Je ne jette pas les piles, les médicaments, ou les ampoules avec les autres déchets.

9. Je me déplace à pied ou à vélo pour les petits trajets.

10. Si je le peux, pour les grands voyages, je choisis le train.

_____

_____

_____

_____

_____

_____

_____

_____

_____

_____

Nom: _____ Date: _____

Unité 10 **Test**

Vocabulary

A Look at the map of Europe and decide if the statement is true or false. Correct the statement in French if it is false. *(5 points)*

_____ 1. L'Espagne est au sud-ouest de la France.

_____

_____ 2. L'Allemagne est au sud de la Belgique.

_____

_____ 3. Monaco est dans le nord de l'Europe.

_____

_____ 4. L'Italie est à l'est de la France et au sud de la Suisse.

_____

_____ 5. Le Luxembourg est au sud-est de la Belgique et à l'ouest de l'Allemagne.

_____

B Select the item that correctly completes the sentence. *(5 points)*

_____ 1. Dans la vallée de la Loire, on peut voir beaucoup de _____.

    A. châteaux   B. montagnes   C. cascades

_____ 2. À la gare, les voyageurs attendent l'arrivée et le départ des trains sur _____.

    A. la voie   B. le quai   C. le composteur

_____ 3. Quand il fait chaud, on aime aller nager _____.

    A. au lac   B. à la colline   C. dans la forêt

_____ 4. Les Francanadiens sont _____ du Québec.

    A. les drapeaux   B. les habitants   C. les devises

_____ 5. Le Québec est _____ États-Unis.

    A. à côté des   B. à droite des   C. entre les

C Complete the sentence with a logical word or expression. *(5 points)*

1. Keith est de Manchester, en Angleterre. Il est _____.

2. L'Éverest et le Kilimandjaro sont de belles _____.

3. Maria est de Madrid, en Espagne. Elle est _____.

4. Regardons _____ pour voir à quelle heure est le train pour Montréal.

5. La mère de Noémie est de Rome. Elle est _____.

Structure

A Select the expression that would be the opposite of the underlined expression in the sentence. *(3 points)*

_____ 1. Sabine loue <u>souvent</u> une maison dans la campagne belge en été.

      A. ne... jamais   B. ne... rien   C. ne... personne

_____ 2. Ce weekend, je <u>n</u>'ai vu <u>personne</u> au lac.

      A. quelque chose   B. quelqu'un   C. souvent

_____ 3. Les enfants? Oui, ils vont <u>toujours</u> à l'école en autobus.

      A. ne... plus   B. ne... rien   C. ne... personne

B Describe the person based on the illustration, using a superlative with an appropriate adjective. *(4 points)*

gros   petit   bon   grand   fatigué   intelligent   égoïste   sportif

1. Patrick est _____.

2. Natasha et Alima sont _____.

3. Alima et Sylvain sont _____.

4. Isabelle et Thina sont _____.

C Thuy and her sister Yen never do the same things! Complete the dialogue to say the opposite of what Thuy said using the negative expression and verb in parentheses. *(4 points)*

1. THUY: Moi, je fais souvent des visites de châteaux!

    YEN: Pas moi! Je _____ de visites de châteaux.
    (ne... jamais / faire)

2. THUY: Hier, j'ai acheté un guide de la vallée de la Loire dans une boutique.

    YEN: Pas moi! Je _____! *(ne... rien / acheter)*

3. THUY: Samedi dernier, j'ai retrouvé mon amie Marc à la campagne.

    YEN: Pas moi! Je _____ à la campagne.
    (ne... personne / retrouver)

4. THUY: En été, je prends toujours le train pour aller voir mes amis.

    YEN: Pas moi! Je _____ le train pour aller voir mes amis.
    (ne... plus / prendre)

D Select the correct preposition to complete the sentence. *(5 points)*

_____ 1. Sheena vient _____ Angleterre. Sa maison est à Manchester.

      A. d'   B. au   C. en

_____ 2. Pauline et ses enfants font un voyage en train _____ États-Unis cet été.

      A. en   B. aux   C. à

_____ 3. Genève? C'est _____ Suisse.

      A. de   B. en   C. au

_____ 4. Notre train arrive _____ Luxembourg à quatre heures et demie.

      A. au   B. en   C. aux

_____ 5. Les filles de Madame Jourdan étudient _____ Montréal cette année.

      A. au   B. en   C. à

E All your friends are traveling for Spring Break. Complete the sentence to say where they are. *(4 points)*

1. Amadou est _____ Europe. Il visite l'Espagne et l'Italie.

2. Nathan a pris le train pour aller _____ Monaco ce matin.

3. Et Corinne? Elle arrive _____ États-Unis ce matin, n'est-ce pas?

4. Joséphine voyage au Canada. Elle est _____ Nouveau-Brunswick aujourd'hui.

Proficiency Writing

 A Pierre and his family are traveling through Europe. Write a detailed description in French of where they are and what they are doing according to each image. You should write ten sentences. *(5 points)*

_____

_____

_____

_____

_____

_____

_____

_____

_____

_____

_____

_____

_____

_____

_____

_____

_____

_____

_____

_____

B Imagine you just visited **la belle province du Québec** and you want to share this experience with your French-speaking Internet pals. Write a blog entry describing what you saw and did during the week you spent there. You were very impressed with your trip, so be enthusiastic and use some superlatives. You should write ten sentences in French. *(5 points)*

_____

_____

_____

_____

_____

_____

_____

_____

_____

_____

_____

_____

_____

_____

_____

_____

_____

_____

Speaking Prep

A Put the lines of the dialogue in the most logical order from A to E. *(5 points)*

      A. First Line of Dialogue
      B. Second Line of Dialogue
      C. Third Line of Dialogue
      D. Fourth Line of Dialogue
      E. Fifth Line of Dialogue

_____ 1. Ensuite, tournez à gauche dans la rue de la Paix.

_____ 2. Pardon, monsieur. Je suis perdu. Est-ce que je peux vous demander mon chemin? Je cherche la gare d'autobus.

_____ 3. Merci beaucoup, monsieur. Au revoir.

_____ 4. Oui, je peux vous aider. C'est très facile. D'abord, prenez l'avenue des Mimes à droite.

_____ 5. Allez tout droit et vous allez voir la gare, entre le supermarché Leclerc et le parc.

Speaking

A Imagine you've won an all-inclusive trip to Europe! You can choose to travel to any country you like. Today you're at the travel agency to select and organize your trip. Answer the agent's questions regarding this vacation. (Your teacher will play the role of the travel agent.) *(10 points)*

B Role-play the following scene with a partner:

You're visiting the city of Geneva in Switzerland and despite your map, you are completely lost! Ask a passer-by (your partner) how to get to the **Parc des Délices**, your desired destination. He/she will give you directions according to the map. You are currently at the **Basilique Notre-Dame de Genève**. *(10 points)*

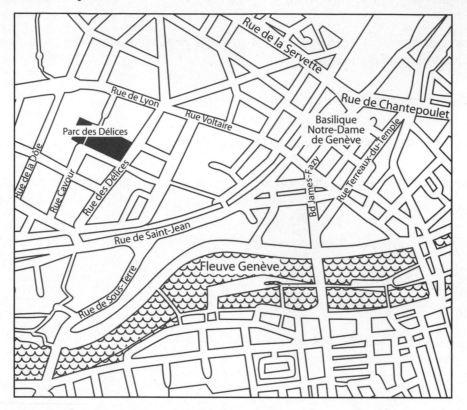

A: Say hello and explain to your partner that you're lost and that you'd like him/her to help you find your way.

B: Ask where your partner wants to go.

A: Explain that you want to go to the **Parc des Délices**.

B: Using the map, explain to your partner how to get to the park from the **Basilique Notre-Dame de Genève**.

A: Using the map, repeat the directions to make sure you understood everything.

B: Confirm that your partner understood or correct him/her as needed.

A: Thank your partner and say goodbye.

B: Say goodbye.

Listening Comprehension

A You will hear five people talking about their last vacation. Match each monologue with the appropriate image. One image will NOT have a match. You will hear the monologues twice.
(5 points)

A.

D.

B.

E.

C.

F.

1. ____

2. ____

3. ____

4. ____

5. ____

B You're talking on an online video chat service with your new French-speaking pal, Leticia. She is describing where she lives. Listen and answer the question in a complete sentence in French. You will hear her description twice. *(5 points)*

1. De quel pays d'Europe vient la famille de Leticia?

   _____

   _____

2. Où se trouve Rimouski, la ville de Leticia au Canada?

   _____

   _____

3. Pourquoi est-ce que Leticia aime la province du Québec?

   _____

   _____

4. Où se trouve le restaurant de la famille de Leticia?

   _____

   _____

5. Est-ce qu'on mange bien dans le restaurant de la famille de Leticia? Pourquoi?

   _____

   _____

Reading

Mystères au Grand Hôtel
par Marie-Claire Bertrand et Sarah Guilmault

Le départ

Le train s'éloigne lentement* de la gare tandis que Caroline, penchée à la fenêtre*, fait des signes* à ses parents. "Enfin!" pense-t-elle toute contente. "Pour la première fois de ma vie*, je ne suis pas obligée de passer mes vacances à la mer* avec mes parents sur la plage habituelle, avec les mêmes amies et... avec mon petit frère Pierre! Je l'adore, mais il est toujours dans mes jambes."

Caroline ferme la fenêtre et s'assoit* à sa place. Elle essaie de lire un magazine mais elle est trop agitée, elle n'arrive pas à se concentrer. C'est la première fois qu'elle part toute seule*. Certes, ce n'est pas un voyage long et dangereux, mais sa mère est toujours inquiète*. "Ah, maman" pense Caroline, "toujours aussi angoissée*! Je ne suis plus une petite fille, j'ai dix-sept ans quand même!"

Maintenant, le train traverse à toute vitesse* la campagne. Le premier arrêt* est Marseille. À Lyon, elle doit changer et prendre le train pour Genève où l'oncle Georges, le frère de sa mère, l'attend.

Caroline vit* à Nice. Elle entre en classe de terminale* l'année prochaine et son rêve* est de travailler à la direction d'un grand hôtel. Elle connaît* bien l'italien, l'allemand, qu'elle a appris de* sa grand-mère autrichienne*, et bien sûr l'anglais.

Son oncle Georges est un grand chef cuisinier. Il a travaillé dans le monde entier*, dans les cuisines des hôtels les plus réputés*. L'année dernière, pour ses cinquante ans, il a décidé de poser définitivement ses valises* et il a accepté d'être chef cuisinier dans un hôtel très luxueux à Genève. C'est lui qui a eu l'idée de proposer à Caroline de travailler avec lui durant les vacances d'été. Sa mère, naturellement, a tout de suite dit: "Mais Caroline est si jeune... Elle ne peut pas..." "Arrête un peu!" lui a dit l'oncle Georges "Caroline est presque majeure* et en plus, je suis là pour la tenir à l'œil*!" À la fin, sa mère a accepté. "Merci, cher oncle Georges, grâce à* toi, maintenant je suis dans le train et je sais que ça va être une expérience inoubliable*!" pense Caroline.

s'éloigne lentement *slowly leaves*; **penchée à la fenêtre** *leaning out the window*; **fait des signes** *waves*; **vie** *life*; **la mer** *the sea, the beach*; **s'assoit** *sits down*; **toute seule** *alone*; **inquiète** *worried*; **angoissée** *anxious*; **à toute vitesse** *very fast*; **arrêt** *stop*; **vit** *lives*; **terminale** *12th grade*; **rêve** *dream*; **connaît** *knows*; **a appris de** *learned from*; **autrichienne** *Austrian*; **le monde entier** *the entire world*; **réputés** *famous*; **poser définitivement ses valises** *put down his suitcases definitely*; **presque majeure** *almost eighteen years old*; **tenir à l'œil** *to keep an eye (on someone)*; **grâce à** *thanks to*; **inoubliable** *unforgettable*

A Read the text and select the correct answer to the questions. There may be more than one correct answer. *(6 points)*

_____ 1. Où est-ce que Caroline se trouve?

    A. dans un train sur un quai   B. dans un autobus sur la route de Genève   C. à la gare de Nice

_____ 2. Où est-ce que Caroline va aller passer l'été?

    A. chez son oncle   B. à Genève   C. dans un bel hôtel

_____ 3. Qui est-ce que Caroline ne va pas accompagner à la mer cette année?

    A. ses parents   B. ses amies   C. son oncle

_____ 4. Est-ce que Caroline a envie d'aller voir son oncle? Pourquoi ou pourquoi pas?

A. oui, parce que son petit
   frère ne part pas avec
   elle

B. oui, parce qu'elle
   voudrait travailler dans
   un grand hôtel

C. non, parce que c'est un
   long voyage et Caroline
   n'aime pas la Suisse

_____ 5. De quel pays Caroline parle-t-elle la langue?

A. de l'Italie

B. de l'Angleterre

C. de l'Espagne

_____ 6. Où est-ce que Caroline doit monter dans son deuxième train pour la Suisse?

A. à Marseille

B. à Lyon

C. à Nice

B Read the text again if necessary, and answer the questions in English. *(4 points)*

1. Why did Caroline's mother initially hesitate before agreeing to allow her daughter to spend her vacation at her uncle's? Give two reasons.

   _____

   _____

   _____

   _____

   _____

2. Based on what you learned in the text, do you think Caroline's personality is more similar to her mother's or to her uncle's? Give two reasons to support your answer.

   _____

   _____

   _____

   _____

   _____

Culture

A Select the correct response to complete the statement. There may be more than one correct answer. *(6 points)*

_____ 1. _____ is associated with **la belle province**.
   A. The phrase **Je me souviens**
   B. The Saint Lawrence river
   C. The event called **les FrancoFolies**

_____ 2. _____ is a famous castle found in the Loire Valley.
   A. Cheverny
   B. Mont Royal
   C. Amboise

_____ 3. **Départements** can be best described as _____.
   A. administrative divisions of France
   B. the motto of Quebec
   C. regional divisions found in Switzerland

_____ 4. _____ and _____ are languages that are commonly spoken in Switzerland.
   A. Romansch, Italian
   B. Italian, Dutch
   C. French and German

_____ 5. Henry Dunant is known for his role in the creation of _____.
   A. the Rolex watch company
   B. maple syrup
   C. the Red Cross

_____ 6. If you visit Switzerland, you will more than likely see _____.
   A. many international institutions
   B. **le lac Léman**
   C. the birth place of a famous author named Balzac

Château de **Chenonceau**

Présentation

Construit* sur une rivière, le Cher, dont les eaux reflètent la beauté unique de son architecture Renaissance, le Château de Chenonceau est le fleuron* du Val de Loire.

«Château des Dames*», bâti* en 1513 par Katherine Briçonnet, embelli* par Diane de Poitiers et Catherine de Médicis, sauvé* à la Révolution par Madame Dupin, Chenonceau doit* une part de son charme à ces femmes.

Chenonceau n'est pas seulement remarquable par son architecture et son histoire, mais aussi par la richesse de ses collections: meubles de la Renaissance, tapisseries* des XVIème et XVIIème siècles et nombreux tableaux*.

JOURS ET HEURES D'OUVERTURE

Le château est ouvert tous les jours de l'année, de 9h00 à 20h00 selon la saison. Le guide de visite est disponible dans 15 langues: français, anglais, allemand, italien, espagnol, japonais, néerlandais, russe, portugais, polonais, chinois, hongrois, roumain, tchèque, et coréen.

ITINERAIRE TRAIN, AÉROPORT, ROUTE

Le château est situé en Touraine, à 214 kilomètres au sud-ouest de Paris et 34 kilomètres à l'est de Tours.

Durée du voyage, au départ de Paris:
- 2 heures de voiture par l'autoroute A10 dite l'Aquitaine (sortie Blois ou Amboise)
- 1 heure par train (T.G.V. Paris-Gare Montparnasse / Gare Saint-Pierre-des-Corps (Tours) + 25 minutes (TER Gare de Tours / Gare de Chenonceaux)

Construit *Built* **le fleuron** *jewel* **Dames** *Ladies* **bâti** *built* **embelli** *embellished*
sauvé *saved* **doit** *owes* **tapisseries** *tapestries* **tableaux** *paintings*

B Some friends of yours want to visit the **château de Chenonceau**. Look at the brochure on the previous page and give your friends the following information in English. *(2 points)*

1. Explain to your friends why **Chenonceau** is often referred to as the *Ladies' Castle*.

   _____

   _____

   _____

   _____

2. Explain to your friends where the **château** is located, giving as much detail as possible.

   _____

   _____

   _____

   _____

C Some friends want to visit the **château de Chenonceau**. Look at the brochure and help them plan their visit. *(2 points)*

1. Explain to your friends how they can get to the **château** from Paris if they don't have a car and tell them how long it will take.

   _____

   _____

   _____

   _____

2. Give your friends two additional pieces of information about the **château** that might be useful when planning their visit.

   _____

   _____

   _____

   _____

Proficiency Test 1

Speaking

Choose ONE of the following situations and role-play the scene with a partner. *(25 points)*

1. Imagine your school has an exchange program with a Francophone school and each American student (Student A) is being paired up with a Francophone student (Student B) to get to know each other. Role-play the scene using the guidelines below.

   A: Greet your partner and introduce yourself.

   B: Respond to your partner's greeting, introduce yourself, and ask how your partner is doing.

   A: Respond and ask where your partner is from and how old he/she is.

   B: Tell your partner where you are from and how old you are. Then ask what your partner's family is like.

   A: Describe your family and ask about your partner's family.

   B: Describe your family.

   A: Ask if your partner likes your school.

   B: Share your opinion of the school and tell your favorite and least favorite school subjects. Explain why you like or dislike each one.

   A: React to your partner's comments. Give your own opinion of various school subjects, then ask what your partner likes to do for fun.

   B: Talk about your favorite sports and leisure activities and ask what your partner likes to do.

   A: Comment on your partner's preferences and explain about your favorite activities.

   B: Comment on your partner's favorite activities.

2. Imagine you're visiting France for the summer and meeting a French friend at a café. Role-play the scene using the guidelines below.

   A: Greet your partner and ask how he/she is doing.

   B: Respond and ask how your partner is doing.

   A: Respond and ask what your partner is going to order.

   B: Say that you are hungry and discuss several things you're considering ordering.

   A: Help your partner decide what to order and say what you are going to have.

   B: Ask your partner what he/she has planned for the weekend.

   A: Tell your partner about several activities you're going to do on Saturday and suggest the two of you get together on Sunday.

   B: Accept your friend's invitation and suggest several activities you could do together.

   A: Tell your partner which activity you prefer and make arrangements to meet on Sunday.

   B: Respond appropriately to your friend.

Writing

Choose ONE of the following topics and write a paragraph in French of at least ten sentences. *(25 points)*

1. You're in charge of writing the first entry for the French class blog about life at your school. Begin your blog entry by introducing yourself. Then, describe your school, including the name and location, and what a typical day is like. Mention the various classes you have throughout the day and supplies that you need for them. Then describe what students typically do for lunch, what you usually eat, and don't like to eat. Mention activities students do after school. Finally, describe your French classroom in detail.

2. Aziza, a student from Morocco, is going to be staying with you for a few months, and she wants to know all about your family life. Write her an e-mail describing your family in detail. (You may describe an imaginary family if you prefer.) Give the family members' names and professions, and describe how everyone is related. Provide a brief description of each family member. Then discuss some of the sports and other leisure activities that you enjoy as a family on the weekends. Mention several things you don't like to do. Talk about what you are going to do next weekend. Ask several questions about Aziza's family, school, and what she wants to do when she visits you. End your e-mail appropriately.

Listening Comprehension

Emmanuelle is describing what she is going to do on Wednesday. Select the activities that reflect the order in which she plans to do them. One image will NOT be used. You will hear the description twice. *(10 points)*

A.

D.

B.

E.

C.

F.

_____ 1. First Activity

_____ 2. Second Activity

_____ 3. Third Activity

_____ 4. Fourth Activity

_____ 5. Fifth Activity

Listen and select the image that best illustrates the sentence you heard. You will hear the audio segment twice. *(10 points)*

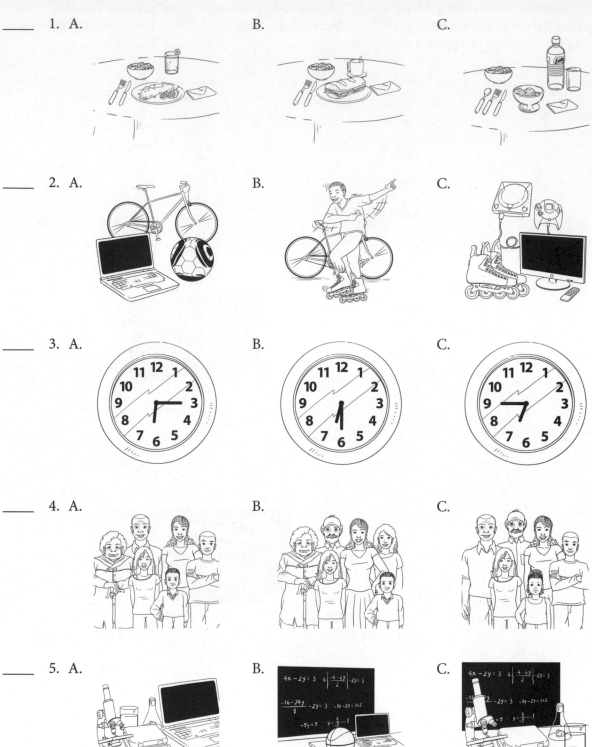

____ 1. A.　　　　　　B.　　　　　　C.

____ 2. A.　　　　　　B.　　　　　　C.

____ 3. A.　　　　　　B.　　　　　　C.

____ 4. A.　　　　　　B.　　　　　　C.

____ 5. A.　　　　　　B.　　　　　　C.

Culture

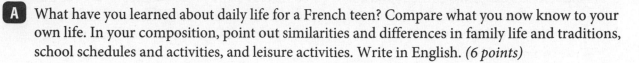 What have you learned about daily life for a French teen? Compare what you now know to your own life. In your composition, point out similarities and differences in family life and traditions, school schedules and activities, and leisure activities. Write in English. *(6 points)*

_____

_____

_____

_____

_____

_____

_____

_____

_____

_____

B Write a composition in which you discuss two to five Francophone countries. Describe on what continents these countries are found and their connections to France. Compare and contrast their traditions and cultures, mentioning at least three of the following topics: art, colonialism, economics, education, film, food, language, music, past times, sports, tourism, and writing. Write in English. *(9 points)*

_____

_____

_____

_____

_____

_____

_____

_____

_____

_____

_____

_____

_____

_____

Reading

A Using reading skills you have learned, read the following brochure. Quickly skim the text to figure out its context and purpose and then answer the question. Remember to rely on cognates and context to help you understand new words. *(10 points)*

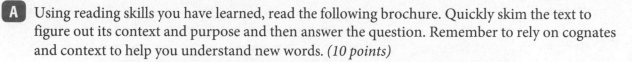

LA NOUVELLE CLASSE DE **PREMIÈRE** L
GÉNÉRALE ET TECHNOLOGIQUE

Horaires élève par série:
MATIÈRES OBLIGATOIRES

◯ **Matières communes**
Enseignements communs

⊕ Français	4 h
⊕ Histoire - Géographie	4 h
⊕ Langues vivantes 1 et 2	4 h 30
⊕ Éducation physique et sportive	2 h
⊕ Éducation civique, juridique et sociale	0 h 30
Total matières communes	**15 h**

En plus, vous pouvez choisir une ou deux matières facultatives: latin, grec, LV3, arts et/ou EPS.

◯ **Matières spécifiques**
Enseignements spécifiques

⊕ Mathématiques	3 h
⊕ Sciences	1 h 30
⊕ Sciences économiques et sociales	5 h
Total matières spécifiques	**9 h 30**

◯ **Accompagnement personnalisé**
Aide personnalisée, approfondissement, autonomie, acquisition de méthodes, aide à l'orientation   2 h
TPE: Travaux personnels encadrés   **1 h**

HORAIRE TOTAL ÉLÈVE	**27 h 30**

1. What type of information does this document contain?

_____

_____

_____

2. How many categories are there under the main heading? What types of classes are listed under the first and second subheadings?

_____

_____

_____

3. How many school subjects can you identify? List them in English.

_____

_____

_____

4. Find two cognates that mean "personalized". What type of coursework do you think is described by these adjectives?

_____

_____

_____

5. Based on the types of courses and the hours for each, what is the main focus of this baccalaureate program? Would a student be likely to pursue a liberal arts degree or a scientific degree at college after completing this **bac**? Explain your answer.

_____

_____

_____

_____

B Read the text again and answer the question in English. Remember to rely on cognates and context to help you understand new words. *(5 points)*

LA NOUVELLE CLASSE DE **PREMIÈRE** L
GÉNÉRALE ET TECHNOLOGIQUE

Horaires élève par série:
MATIÈRES OBLIGATOIRES

Matières communes
Enseignements communs

⊕ Français	4 h	
⊕ Histoire - Géographie	4 h	
⊕ Langues vivantes 1 et 2	4 h 30	
⊕ Éducation physique et sportive	2 h	
⊕ Éducation civique, juridique et sociale	0 h 30	
Total matières communes	**15 h**	

En plus, vous pouvez choisir une ou deux matières facultatives: latin, grec, LV3, arts et/ou EPS.

Matières spécifiques
Enseignements spécifiques

⊕ Mathématiques	3 h	
⊕ Sciences	1 h 30	
⊕ Sciences économiques et sociales	5 h	
Total matières spécifiques	**9 h 30**	

Accompagnement personnalisé
Aide personnalisée, approfondissement, autonomie, acquisition de méthodes, aide à l'orientation   2 h
TPE: Travaux personnels encadrés   1 h

HORAIRE TOTAL ÉLÈVE	**27 h 30**

How does this school schedule compare to a typical 11th grade schedule in your school? What are the similarities and differences? Would you like to attend **première L**? Why or why not?

_____

_____

_____

_____

_____

_____

_____

_____

_____

_____

Proficiency Test 2

Speaking

Choose ONE of the following situations and role-play the scene with a partner. *(25 points)*

1. With a partner, role-play a conversation about travel and preparations between an American student and a French friend he or she will visit in Paris during spring break. Determine the roles with a partner and role-play the scene.

    A: Ask your partner what the weather is going to be like in Paris in the spring.

    B: Tell your partner that it will probably be somewhat cold and will probably rain.

    A: Ask your partner what kind of clothes you should take.

    B: Suggest several articles of clothing your partner should pack for different weather conditions and different activities. Tell your partner to bring different shoes and clothes for evening outings.

    A: Ask about your partner's apartment, where it's located, and what it's like.

    B: Describe the apartment building, including where it is located. Provide details about the apartment. Mention the rooms, the layout, and describe the guest room.

    A: Tell your partner that you have to visit certain sites in Paris and ask if you can go there.

    B: Confirm that you are planning to take your friend there and mention two additional places that are even more interesting. Give one location that is the most fun, and say that you're going to show your partner this place while in Paris.

2. You're staying with a host family in France. Last evening, you prepared an American dinner for your hosts to thank them for welcoming you into their home. Talk about the dinner you prepared. Include details about the menu. Mention the ingredients you bought and all the stores you went to in order to purchase the necessary items. Say that there were certain items that you didn't need because the family had them already. Comment on the dinner, the table setting, and the reaction of your host family.

Writing

Choose ONE of the following topics and write a paragraph in French of at least ten sentences. *(25 points)*

1. You just spent a fabulous week in Paris. Write a postcard to your French teacher back home describing all the things you did and saw in Paris. Mention monuments, museums, as well as any other places of interest you discovered while in Paris. Describe the weather and tell your teacher about gifts you bought for your friends and family while in Paris.

2. Lydie, an au pair from Quebec, is coming to live with your family for a year. Write her an e-mail in which you describe your hometown and the various places of interest for young people around town. Describe what the weather is like at different times of the year and give her advice on what clothing to bring.

Listening Comprehension

A Pierre just came back from a trip to Martinique and he is telling you about his stay there. Match each description you hear with the correct image. One image will NOT have a match. You will hear each description twice. *(10 points)*

A.

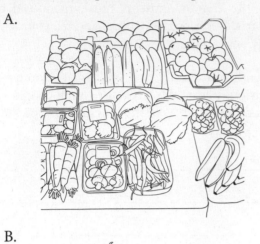

D.

B.

E.

C.

F.

1. _____

2. _____

3. _____

4. _____

5. _____

B Look at the map of **Québec** as you listen to each sentence. Indicate whether the statement you hear is true or false. Correct the statement in French if it is false. You do not need to write a complete sentence. You will hear the audio segment twice. *(10 points)*

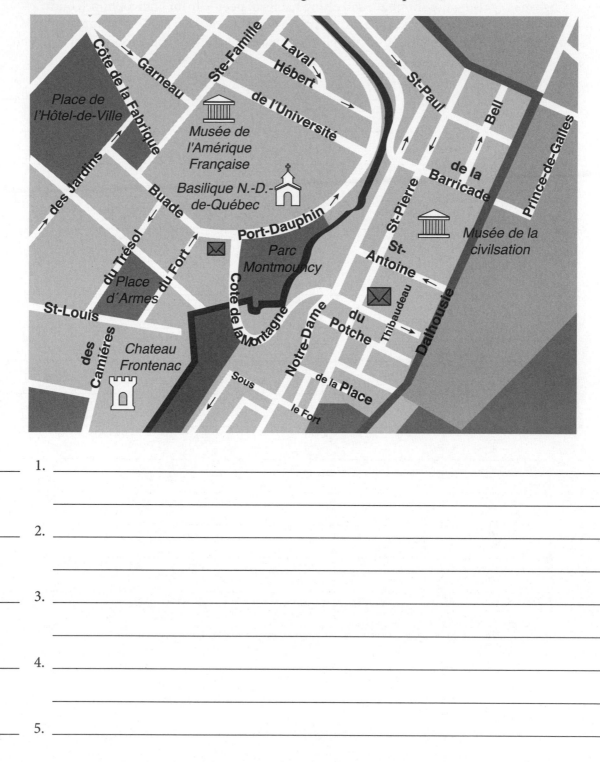

_____ 1. _____

_____

_____ 2. _____

_____

_____ 3. _____

_____

_____ 4. _____

_____

_____ 5. _____

_____

Culture

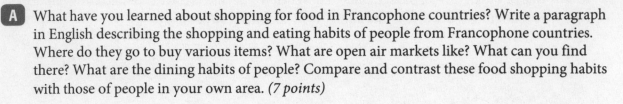 What have you learned about shopping for food in Francophone countries? Write a paragraph in English describing the shopping and eating habits of people from Francophone countries. Where do they go to buy various items? What are open air markets like? What can you find there? What are the dining habits of people? Compare and contrast these food shopping habits with those of people in your own area. *(7 points)*

_____

_____

_____

_____

_____

_____

_____

_____

_____

_____

_____

_____

B If you could spend a week in a Francophone city or country of your choice, where would you choose to go? Why? Write a paragraph in English in which you describe the place you'd like to visit the most and explain what you'd like to see and do there. Comment on the location, climate, food, and activities. Compare it to your home. What things are more/less interesting? More/less expensive? *(8 points)*

_____

_____

_____

_____

_____

_____

_____

_____

_____

_____

_____

_____

Reading

A Using reading skills you have learned, read the brochure. Quickly skim the text to figure out its context and purpose and then answer the questions on the next page. Remember to rely on cognates and context to help you understand unfamiliar words. *(12 points)*

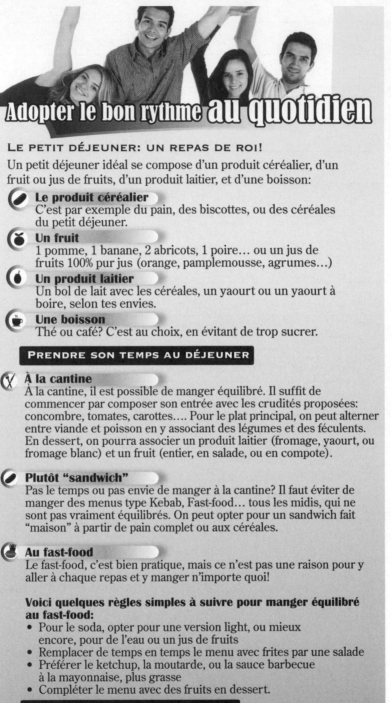

Adopter le bon rythme au quotidien

LE PETIT DÉJEUNER: UN REPAS DE ROI!

Un petit déjeuner idéal se compose d'un produit céréalier, d'un fruit ou jus de fruits, d'un produit laitier, et d'une boisson:

Le produit céréalier
C'est par exemple du pain, des biscottes, ou des céréales du petit déjeuner.

Un fruit
1 pomme, 1 banane, 2 abricots, 1 poire… ou un jus de fruits 100% pur jus (orange, pamplemousse, agrumes…)

Un produit laitier
Un bol de lait avec les céréales, un yaourt ou un yaourt à boire, selon tes envies.

Une boisson
Thé ou café? C'est au choix, en évitant de trop sucrer.

PRENDRE SON TEMPS AU DÉJEUNER

À la cantine
À la cantine, il est possible de manger équilibré. Il suffit de commencer par composer son entrée avec les crudités proposées: concombre, tomates, carottes…. Pour le plat principal, on peut alterner entre viande et poisson en y associant des légumes et des féculents. En dessert, on pourra associer un produit laitier (fromage, yaourt, ou fromage blanc) et un fruit (entier, en salade, ou en compote).

Plutôt "sandwich"
Pas le temps ou pas envie de manger à la cantine? Il faut éviter de manger des menus type Kebab, Fast-food… tous les midis, qui ne sont pas vraiment équilibrés. On peut opter pour un sandwich fait "maison" à partir de pain complet ou aux céréales.

Au fast-food
Le fast-food, c'est bien pratique, mais ce n'est pas une raison pour y aller à chaque repas et y manger n'importe quoi!

Voici quelques règles simples à suivre pour manger équilibré au fast-food:
- Pour le soda, opter pour une version light, ou mieux encore, pour de l'eau ou un jus de fruits
- Remplacer de temps en temps le menu avec frites par une salade
- Préférer le ketchup, la moutarde, ou la sauce barbecue à la mayonnaise, plus grasse
- Compléter le menu avec des fruits en dessert.

LE GOÛTER: POURQUOI PAS

Le temps entre le déjeuner et le dîner est parfois très long. Alors, pour ne pas craquer et manger n'importe quoi en attendant de passer à table, il vaut mieux faire une pause, après les cours vers 16 – 17h: produits céréaliers, fruits, ou produits laitiers.

AU DÎNER

Pas toujours d'idée pour manger le soir? Une soupe de légumes toute prête, un ou deux œufs, un morceau de fromage et un fruit…. Les pizzas et les plats touts prêts sont biens pratiques mais il faut plutôt essayer d'en limiter leur consommation à 1 fois par semaine.

1. What type of information does this document contain?

_____

_____

2. According to the brochure, how many meals should one eat every day? What are they?

_____

_____

3. What are the four elements of a good breakfast?

_____

_____

4. According to the brochure, how many courses does a typical **cantine** meal consist of? What is recommended for each course? (Give one example for each course.)

_____

_____

_____

5. What are two things one can do to eat healthier when eating at a fast food restaurant?

_____

_____

_____

6. How does a healthy dinner compare to a healthy lunch according to the advice in the brochure?

_____

_____

_____

B Read the text again and answer the question on the next page in English. Remember to rely on cognates and context to help you understand unfamiliar words. *(3 points)*

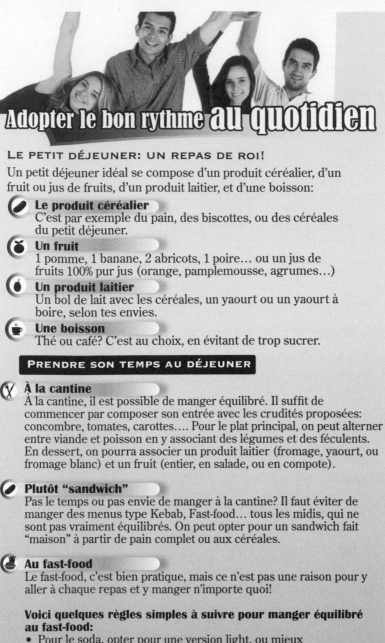

Adopter le bon rythme au quotidien

LE PETIT DÉJEUNER: UN REPAS DE ROI!

Un petit déjeuner idéal se compose d'un produit céréalier, d'un fruit ou jus de fruits, d'un produit laitier, et d'une boisson:

Le produit céréalier
C'est par exemple du pain, des biscottes, ou des céréales du petit déjeuner.

Un fruit
1 pomme, 1 banane, 2 abricots, 1 poire… ou un jus de fruits 100% pur jus (orange, pamplemousse, agrumes…)

Un produit laitier
Un bol de lait avec les céréales, un yaourt ou un yaourt à boire, selon tes envies.

Une boisson
Thé ou café? C'est au choix, en évitant de trop sucrer.

PRENDRE SON TEMPS AU DÉJEUNER

À la cantine
À la cantine, il est possible de manger équilibré. Il suffit de commencer par composer son entrée avec les crudités proposées: concombre, tomates, carottes…. Pour le plat principal, on peut alterner entre viande et poisson en y associant des légumes et des féculents. En dessert, on pourra associer un produit laitier (fromage, yaourt, ou fromage blanc) et un fruit (entier, en salade, ou en compote).

Plutôt "sandwich"
Pas le temps ou pas envie de manger à la cantine? Il faut éviter de manger des menus type Kebab, Fast-food… tous les midis, qui ne sont pas vraiment équilibrés. On peut opter pour un sandwich fait "maison" à partir de pain complet ou aux céréales.

Au fast-food
Le fast-food, c'est bien pratique, mais ce n'est pas une raison pour y aller à chaque repas et y manger n'importe quoi!

Voici quelques règles simples à suivre pour manger équilibré au fast-food:
- Pour le soda, opter pour une version light, ou mieux encore, pour de l'eau ou un jus de fruits
- Remplacer de temps en temps le menu avec frites par une salade
- Préférer le ketchup, la moutarde, ou la sauce barbecue à la mayonnaise, plus grasse
- Compléter le menu avec des fruits en dessert.

LE GOÛTER: POURQUOI PAS

Le temps entre le déjeuner et le dîner est parfois très long. Alors, pour ne pas craquer et manger n'importe quoi en attendant de passer à table, il vaut mieux faire une pause, après les cours vers 16 – 17h: produits céréaliers, fruits, ou produits laitiers.

AU DÎNER

Pas toujours d'idée pour manger le soir? Une soupe de légumes toute prête, un ou deux œufs, un morceau de fromage et un fruit…. Les pizzas et les plats touts prêts sont biens pratiques mais il faut plutôt essayer d'en limiter leur consommation à 1 fois par semaine.

How do your eating habits compare to the ones recommended in this brochure? What are the similarities and differences? What could you change to have a healthier diet?

_____

_____

_____

_____

_____

_____

_____

_____

Answer Key

Unité 1

Leçon A Quiz

Vocabulary

A. 1. A   2. B   3. B   4. A   5. A   6. A   7. B   8. B   9. A

B. 1–4 *Answers will vary.*

C. 1. A   2. B

D. 1. Elle est américaine.   2. Il est canadien.   3. Il est français.   4. Elle est algérienne.

Culture

A. 1. T   2. F   3. F   4. F   5. T

B. 1. D   2. E   3. A   4. B

Communication

A. 1. *Answers may vary.*
> Possible answer:
> —Allô, oui?
> —Bonjour, Madame Petit! C'est Luc.
> —Bonjour, Luc.
> —Nathalie est là?
> —Oui. Nathalie, Nathalie! C'est ton copain Luc.

B. *Answers will vary.*

Leçon B Quiz

Vocabulary

A. 1. C   2. D   3. C

B. 1. A, B   2. A   3. A, C   4. A, B   5. A, B

C. 1. *Answers may vary.* <u>Possible answer:</u> Pas très bien.
2. *Answers may vary.* <u>Possible answer:</u> Très bien.
3. *Answers may vary.* <u>Possible answer:</u> Comme ci, comme ça.

D. 1. A   2. C   3. A   4. A

Culture

A. 1. A   2. D   3. E   4. C   5. F

B. 1. B   2. B   3. B   4. B   5. B

Communication

A–B *Answers will vary.*

Leçon C Quiz

Vocabulary

A. 1. A   2. A   3. B

B. 1. Y   2. Y   3. N   4. N   5. Y   6. N   7. Y

C. 1. Tu voudrais aller à la fête?
2. Je dois aider ma mère à la maison.
3. Je veux bien aller au centre commercial.
4. Ton père est strict!
5. On va au café demain?

Culture

A. 1. T   2. F   3. T   4. F   5. T

B. 1. A   2. C   3. C   4. B

Communication

A. 1. *Answers may vary.* <u>Possible answer:</u> Je ne peux pas. J'aide ma mère à la maison.

2. *Answers may vary.* <u>Possible answer:</u> Oui, je veux bien!

3. *Answers may vary.* <u>Possible answer:</u> Je ne peux pas. Je dois faire les devoirs de maths.

B. *Answers will vary.*

Unité 2

Leçon A Quiz

Vocabulary

A. 1. A   2. B   3. B   4. A

B. 1. mercredi   2. samedi   3. vendredi

C. 1. C   2. A   3. C

D. 1–3 *Answers will vary.*

Structure

A. 1. B   2. B   3. A   4. A   5. A

B. 1. A, B   2. B   3. A, C

C. 1. plonges   2. joue   3. aime   4. mangent   5. nagez   6. aimons   7. présente

D. 1. A   2. C   3. E   4. B   5. D

Culture

A. 1. T   2. F   3. T   4. T   5. T   6. T   7. F   8. F   9. T

Communication

A. 1–2 *Answers will vary.*

B. *Answers will vary.*

Leçon B Quiz

Vocabulary

A. 1. A   2. C   3. C   4. A   5. A   6. B   7. B

B. 1. B   2. A   3. C

C. 1–3 *Answers will vary.*

Structure

A. 1. C   2. A   3. C

B. 1. Moi, j'aime beaucoup écouter de la musique avec mon lecteur MP3.

2. Sabine joue bien aux jeux vidéo.

3. À la maison, mon père aime un peu faire la cuisine.

Culture

A. 1. B   2. G   3. C   4. I   5. A   6. F   7. E   8. D

Communication

A. 1–3 *Answers will vary.*

B. *Answers will vary.*

Leçon C Quiz

Vocabulary

A. 1. A   2. B   3. B   4. C

B. 1. seize   2. treize   3. dix-huit

C. 1. Moi aussi   2. je préfère   3. Pas moi   4. tu préfères

Structure

A. 1. C   2. A   3. B

B. 1. le   2. la   3. l'

C. 1. Je n'aime pas   2. Je ne peux pas

D. 1. A   2. B   3. A   4. C   5. B   6. A

E. 1. le CD   2. le foot   3. la télévision   4. le lecteur MP3   5. Internet

Culture

A. 1. C   2. C   3. A   4. C   5. A   6. C   7. A   8. B   9. C   10. C

Communication

A. 1–3 *Answers will vary.*

B. 1–2 *Answers will vary.*

Unité 3

Leçon A Quiz

Vocabulary

A. 1. A   2. B   3. A   4. B   5. A   6. C

B. 1. A   2. D   3. C   4. B   5. F

Structure

A. 1. B   2. A   3. A   4. C   5. A   6. A   7. B   8. A

B. 1. a   2. avez   3. avons

C. 1. ont besoin d'   2. ai besoin de   3. as besoin d'

Culture

A. 1. T   2. T   3. F; It is used to carry pens, pencils, and other small objects.
4. F; Students receive their books free of charge.   5. T
6. F; Euros replaced French francs in 2002.   7. T   8. T

Communication

A–C *Answers will vary.*

Leçon B Quiz

Vocabulary

A. 1. A   2. C   3. A   4. B

B. 1. A   2. C   3. H   4. E   5. G   6. B   7. D

Structure

A. 1. B   2. A   3. B   4. C   5. B

B. 1. sommes   2. est   3. êtes   4. es   5. suis   6. sont

C. 1. A, B   2. B, C   3. A, C   4. A, B   5. B, C   6. B, C

Culture

A. 1. C   2. I   3. A   4. B   5. D   6. E   7. F   8. H

Communication

A–B *Answers will vary.*

Leçon C Quiz

Vocabulary A

A. 1. A   2. C   3. F   4. D   5. B   6. G   7. H

B. 1. A   2. A   3. A   4. B

Structure

A. 1. A   2. A   3. A   4. B   5. C   6. C

B. 1. à l'   2. au   3. aux   4. à la

C. 1. Pourquoi est-ce que   2. Quand est-ce que   3. Est-ce que   4. Avec qui est-ce que   5. Où est-ce que

Culture

A. 1. F; They can eat off campus.   2. T   3. T   4. T
      5. F; It gained its independence in 1960.   6. T   7. T
      8. F; About one third of them have French origins.   9. T   10. T

Communication

A–C *Answers will vary.*

Unité 4

Leçon A Quiz

Vocabulary

A. 1. A   2. A   3. C   4. B   5. A   6. A

B. 1. A   2. F   3. D   4. E   5. B

Structure

A. 1. B   2. A   3. A   4. B   5. A   6. A

B. 1. vont acheter   2. allons perdre   3. allez jouer   4. vais envoyer   5. vas faire   6. va aller

C. 1. Fait-il   2. Est-ce que tu vas   3. Isabelle va-t-elle manger   4. Vous jouez; n'est-ce pas

Culture

A. 1. A   2. B   3. B   4. A   5. A   6. A

Communication

A–B *Answers will vary.*

Leçon B Quiz

Vocabulary

A. 1. F; Sophie is hungry.   2. F; Sophie is going to have a ham sandwich.
      3. F; To drink, Sophie is going to have some mineral water and a cup of coffee. Sophie will have
      vanilla ice cream for dessert.   4. T

B. 1. B   2. A   3. B   4. A

C. 1. B   2. E   3. A   4. D   5. C

Structure

A. 1. B   2. A   3. C   4. A   5. A   6. C

B. 1. A   2. E   3. B   4. D   5. C   6. F

C. 1. prenez   2. prenons   3. prennent   4. prends   5. prends   6. prend

Culture

A. 1. D   2. H   3. C   4. A   5. F   6. K   7. I   8. B   9. E   10. J

Communication

A. 1–3 *Answers will vary.*

B. 1–3 *Answers will vary.*

Leçon C Quiz

Vocabulary

A. 1. F   2. E   3. A   4. D   5. C

B. 1. C   2. A   3. C   4. B   5. A   6. B   7. A   8. C

Structure

A. 1. A   2. B   3. C   4. A

B. 1. vois   2. vois   3. voyons   4. voit   5. voyez   6. voient   7. voit   8. voient

Culture

A. 1. T   2. F; They produce about 220 films per year.
      3. T   4. F; It's held in May.   5. T   6. F; He starred in Bienvenue chez les Ch'tis.
      7. T   8. T

Communication

A–C *Answers will vary.*

Unité 5

Leçon A Quiz
Vocabulary

A. 1. A   2. A   3. C   4. C   5. A

B. 1. F   2. C   3. B   4. A   5. D

C. 1. deux mille quatre   2. un million   3. deux millions trois cent mille cinq cents

Structure

A. 1. A   2. A   3. A   4. A   5. B   6. A   7. A   8. A   9. B   10. B

B. 1. d'   2. une   3. des   4. de   5. un

C. 1. Ses   2. mes   3. leurs   4. mon   5. nos

Culture

A. 1. F; France uses the metric system.   2. T   3. T   4. T

    5. F; It killed about 30,000 people.   6. F; It was developed after the French Revolution in 1789.

    7. F; It is a traditional food.   8. F; It is Fort-de-France.

Communication

A–D *Answers will vary.*

Leçon B Quiz
Vocabulary

A. 1. F; Elle est diligente.   2. T   3. T   4. F; Il est intelligent.   5. F; Elle est méchante.

B. 1. décembre   2. juillet   3. novembre   4. janvier   5. avril

Structure

A. 1. A   2. C   3. B   4. A

B. 1. E   2. D   3. A   4. F   5. C   6. B

C. 1. grandissent   2. grossit   3. réfléchis   4. finis   5. réussissons   6. offrez

D. 1. le 25 décembre   2. le 14 février   3. le 31 octobre   4. le 4 juillet

Culture

A. 1. Y   2. Y   3. N   4. Y   5. Y   6. Y

B. *Answers will vary.*

Communication

A–E *Answers will vary.*

Leçon C Quiz
Vocabulary

A. 1. A   2. E   3. C   4. D   5. F

B. 1. A   2. C   3. B

C. 1. cuisinière   2. sénégalais   3. camerounaises   4. graphiste

Structure

A. 1. A   2. B   3. C   4. B

B. 1. venez   2. viens   3. venons   4. viens   5. viennent   6. vient

C. 1. C   2. A   3. A   4. A   5. C   6. B   7. B

Culture

A. 1. A, B, C   2. A, B   3. B   4. A, B   5. A, B   6. A, B, C   7. A   8. A, C

Communication

A–B *Answers will vary.*

Unité 6

Leçon A Quiz

Vocabulary

A. 1. A   2. C   3. C   4. C   5. C

B. 1. A   2. E   3. D   4. C   5. F

C. 1–3 *Answers will vary.*

Structure

A. 1. A   2. A   3. C   4. A   5. C   6. B

B. 1. achètes   2. achetons   3. achète   4. achètent   5. achetez   6. achète

C. 1. A   2. A   3. B   4. A   5. A   6. C

Culture

A. 1. flea markets   2. clothing   3. Saint-Ouen   4. Coco Chanel   5. twice
     6. high fashion   7. Bazin   8. Madonna   9. pagne   10. boubou

Communication

A–C *Answers will vary.*

Leçon B Quiz

Vocabulary

A. 1. A, B, C   2. B, C   3. A, B   4. A, B, C   5. B, C   6. B

B. 1. B   2. C   3. A   4. E

Structure

A. 1. B   2. C   3. A   4. C   5. A   6. A

B. 1. assez de   2. trop de   3. beaucoup de   4. peu de

C. 1. vend   2. attendez   3. vendent   4. attends   5. vends
     6. attendons   7. vendez   8. attend   9. vendons   10. attends

Culture

A. 1. D   2. C   3. E   4. F   5. A   6. G   7. B   8. I

Communication

A. 1–2 *Answers will vary.*

B–C *Answers will vary.*

Leçon C Quiz

Vocabulary

A. 1. E   2. A   3. C   4. D   5. F   6. G   7. B

B. 1. A   2. B, C   3. A   4. A, B   5. A

C. 1–2 *Answers will vary.*

Structure

A. 1. A   2. C   3. A   4. B   5. A   6. A

B. 1. le   2. d'   3. de l'   4. des   5. La   6. de la   7. du   8. Les   9. de   10. des

Culture

A. 1. T   2. T   3. F; It is mostly popular in the south of France.   4. F; They are higher.
     5. T   6. F; They are renowned for their pottery, carpets, and jewelry.
     7. T   8. F; Flowers and other products are also sold at markets.

Communication

A. 1–2 *Answers will vary.*

B. *Answers will vary.*

Unité 7

Leçon A Quiz

Vocabulary A
A.   1. N   2. Y   3. Y   4. N   5. Y

B.   1. B   2. B   3. B   4. B, C   5. B   6. A, C   7. A, C

C.   1. A   2. B   3. C

Structure
A.   1. première   2. Félix   3. deuxième   4. sixième   5. quatrième   6. Jules

B.   1. A   2. C   3. B   4. F   5. D   6. H   7. E   8. G

Culture
A.   1. single family house   2. **HLM**   3. bathroom   4. Algeria   5. 1962
        6. oil   7. **Raï**   8. Arabic   9. women   10. **bédouin**

Communication
A–C *Answers will vary.*

Leçon B Quiz

Vocabulary A
A.   1. B   2. C   3. A   4. B

B.   1. T   2. F; La cuiller est dans la tasse.   3. F; Il y a du sucre.
      4. F; La fourchette est à gauche de l'assiette et le couteau est à droite.
      5. F; La serviette est dans l'assiette.   6. T

Structure
A.   1. B   2. A   3. A   4. B   5. C   6. A

B.   1. mettent   2. met   3. mets   4. mettons   5. mettez   6. mets

C.   1. A   2. B   3. C

D.   1. plus petit que   2. moins bavardes que   3. aussi généreuse que   4. aussi timide que
      5. moins passionnées de football que

Culture
A.   1. G   2. A   3. D   4. I   5. F   6. B   7. C   8. H

Communication
A–C *Answers will vary.*

Leçon C Quiz

Vocabulary A
A.   1. B   2. F   3. C   4. A   5. E   6. D

B.   1. A   2. B   3. A   4. C   5. A   6. B   7. A   8. A

C.   1. un lit   2. un placard   3. une clé USB

Structure
A.   1. B   2. A   3. A   4. A   5. A   6. C

B.   1. Peut   2. peuvent   3. peux

C.   1. tu peux   2. nous pouvons   3. je peux   4. vous pouvez

Culture A
A.   1. A   2. C   3. C   4. C   5. A   6. C   7. A   8. A

Communication
A–C *Answers will vary.*

Unité 8
Leçon A Quiz
Vocabulary
A. 1. A   2. B   3. A   4. C   5. C

B. 1. En été   2. En hiver   3. Au printemps   4. En automne

C. 1. G   2. D   3. F   4. E   5. A   6. B

Structure
A. 1. faisons   2. fais   3. font   4. fait   5. faites   6. fait   7. fais   8. font

B. 1. N   2. Y   3. N   4. N   5. N   6. Y   7. Y

Culture
A. 1. B   2. A   3. B   4. B   5. A   6. A   7. C   8. B   9. A   10. A

Communication
A–E *Answers will vary.*

Leçon B Quiz
Vocabulary
A. 1. C   2. E   3. A   4. D   5. G   6. B   7. F   8. I

Structure
A. 1. B   2. A   3. A   4. C   5. A   6. A

B. 1. a visité   2. avons pris   3. a grandi   4. ai perdu   5. avez fait   6. a mis   7. as visité
     8. avons pu   9. a plu   10. ont offert

C. 1. A   2. B   3. A   4. A

D. 1. nouvel   2. vieille   3. bel   4. belle

Culture
A. 1. two   2. Quasimodo   3. Napoleon   4. Eiffel tower   5. 300   6. 13.5   7. seven   8. 1889

Communication
A–C *Answers will vary.*

Leçon C Quiz
Vocabulary
A. 1. le mois dernier   2. beau, du soleil   3. hier soir   4. le frère d'Elsa   5. le weekend dernier
     6. l'année dernière   7. le frère d'Elsa   8. une promenade à vélo

Structure
A. 1. B   2. A   3. A   4. B   5. A   6. B

B. 1. A   2. B   3. B   4. A   5. A   6. C

C. 1. sont sorties   2. sont montés   3. es entré   4. est arrivée   5. sommes allés   6. êtes sorties
     7. est devenu

D. 1. A   2. B

Culture
A. 1. A   2. A, C   3. A   4. A, B   5. A   6. B   7. A, B, C   8. A

Communication
A–C *Answers will vary.*

Unité 9
Leçon A Quiz
Vocabulary A
A. 1. A   2. B   3. A   4. C   5. A

B. 1. C   2. E   3. B   4. D   5. F   6. G

C. 1. T   2. T   3. F; une dent   4. T   5. F; un grand cou
6. T   7. F; trois doigts 8. T   9. T   10. F; huit doigts de pied   11. F; grand

Structure

A. 1. non   2. non   3. oui   4. oui

B. 1. Il faut   2. Il ne faut pas

C. 1. Il faut manger de la salade. Il ne faut pas manger des hamburgers.

2. Il faut travailler. Il ne faut pas dormir.

3. Il faut sortir en ville. Il ne faut pas rester à la maison.

4. Il faut mettre ton maillot de bain. Il ne faut pas prendre ton manteau.

Culture

A. 1. T   2. T   3. F; They also see their primary care doctors.   4. F; There are also private clinics.
5. T   6. F; **Pour rester en forme, manger-bouger** is the name of the program.   7. T   8. T

Communication

A–C *Answers will vary.*

Leçon B Quiz
Vocabulary

A. 1. H   2. C   3. A   4. F   5. G   6. E   7. B   8. I

B. 1. C   2. C   3. A   4. B

Structure

A. 1. A   2. A   3. B   4. C   5. A   6. B

B. 1. ne vendez pas   2. ne prends pas   3. ne jouons pas   4. n'envoie pas   5. ne dormons pas
6. ne sortez pas

C. 1. *Answers will vary.* <u>Possible answer:</u> Étudie pour les examens!

2. *Answers will vary.* <u>Possible answer:</u> Travaillez au café!

3. *Answers will vary.* <u>Possible answer:</u> Faisons du sport!

4. *Answers will vary.* <u>Possible answer:</u> Achète un gâteau!

5. *Answers will vary.* <u>Possible answer:</u> Maigrissons!

6. *Answers will vary.* <u>Possible answer:</u> Prenez des maillots de bain!

Culture

A. 1. C   2. A   3. A   4. A   5. A   6. C   7. A   8. C   9. B   10. B

Communication

A–B *Answers will vary.*

Leçon C Quiz
Vocabulary

A. 1. C   2. B   3. F   4. A   5. E

B. 1. B   2. B, C 3. C   4. B, C 5. A   6. B   7. A, C

Structure

A. 1. C   2. F   3. E   4. G   5. D   6. B

B. 1. B   2. A   3. B   4. C   5. A   6. C

C. 1. C   2. A   3. C   4. C   5. A   6. C   7. A   8. A

Culture

A. 1. A   2. C   3. B   4. C   5. C   6. A   7. B   8. B   9. C

Communication

A–C *Answers will vary.*

Unité 10

Leçon A Quiz

Vocabulary

A. 1. A, B   2. C   3. A   4. B   5. A   6. A, B

B. 1. les Québécois (les Francanadiens)   2. bleu, blanc   3. Je me souviens.   4. Québec
     5. le Saint-Laurent   6. le Vermont

Structure

A. 1. C   2. C   3. B   4. B   5. A   6. A   7. A   8. B

B. 1. aux   2. en   3. de   4. à   5. au   6. en

Culture

A. 1. la belle province   2. érable   3. un dépanneur   4. grande   5. fleurs-de-lys   6. Les FrancoFolies
     7. Saint-Laurent   8. deuxième   9. 1000   10. Mont Royal

Communication

A–B *Answers will vary.*

Leçon B Quiz

Vocabulary

A. 1. A   2. E   3. B   4. H   5. F   6. D   7. C

B. 1. A   2. C   3. A   4. C   5. A

Structure

A. 1. A   2. C   3. B   4. C   5. C

B. 1. ne veux plus de   2. n'ai parlé à personne   3. n'avons rien fait   4. n'écoute jamais de jazz

C. 1. quelqu'un   2. toujours   3. quelque chose

Culture

A. 1. C   2. C   3. A   4. A   5. B   6. C   7. B   8. B   9. A   10. A

Communication

A–B *Answers will vary.*

Leçon C Quiz

Vocabulary

A. 1. T   2. F; à gauche   3. T   4. F; sur votre droite
     5. T   6. T   7. F; on doit traverser la rue Gargoulleau

B. 1. français   2. luxembourgeoise   3. allemands   4. espagnole   5. italiennes   6. anglaise   7. suisses

Structure

A. 1. B   2. A   3. A   4. A   5. C

B. 1. les plus petits   2. les meilleurs   3. les plus paresseuses   4. le plus vieil   5. la plus belle

C. 1. de   2. des   3. du

Culture

A. 1. A, B, C   2. A, B, C   3. A   4. A, B   5. A, B
     6. A, C   7. A, B   8. A, B   9. A, B   10. A, B, C

Communication

A–C *Answers will vary.*

Unité 1 Test

Vocabulary

A. 1. B   2. A   3. C   4. B   5. A

B. 1. oui   2. non   3. oui   4. non   5. non

C. 1–5 *Answers will vary.*

D. 1. A   2. A   3. B   4. A   5. B

E. 1. canadien   2. français   3. algérien   4. américaine   5. française

Proficiency Writing

A–B *Answers will vary.*

Speaking Prep

A. 1. T   2. T   3. F   4. F   5. T

Speaking

A. *Answers will vary.*

Questions for teacher-directed interview:

    1. Bonjour. Tu t'appelles comment?

    2. Enchanté(e).

    3. Tu vas bien?

    4. Tu es américain/américaine?

    5. Tu voudrais aller à une fête française demain?

B. *Answers will vary.*

Listening Comprehension

A.   Nathan: Allô, Véro?

        Véro: Oui.

        Nathan: Bonjour, c'est Nathan. Tu vas bien?

        Véro: Pas mal. Et toi?

        Nathan: Très bien. Marie et moi, on va au cinéma. Tu voudrais venir?

        Véro: Je ne peux pas. Je dois aller au centre commercial avec ma mère.

        Nathan: Ah! Et demain, tu voudrais aller à la fête de Gilles?

        Véro: Gilles?

        Nathan: Oui, c'est mon copain canadien.

        Véro: Ah oui! Demain... euh... d'accord.

    1. Véro   2. au cinéma   3. mère   4. fête   5. canadien

B.   1. —Tu voudrais aller au centre commercial?

      —Je ne peux pas. J'aide mon père à la maison.   **E**

    2. —Bonjour. Ça va?

      —Non, ça va mal!   **D**

    3. —Madame Martin, je vous présente Monsieur Dumais.

      —Bonjour, Monsieur Dumais. Enchantée.   **B**

    4. —Salut! Je m'appelle Agnès. Tu t'appelles comment?

      —Moi, je m'appelle Hugo.   **A**

    5. —Au revoir. À bientôt!

      —Salut.   **C**

Reading

A. 1. B   2. C   3. C   4. A

B–C *Answers will vary.*

Culture

A. 1. T   2. T   3. F   4. F   5. T   6. T

B. 1. T   2. T   3. F   4. T

Unité 2 Test

Vocabulary

A. 1. B   2. E   3. G   4. J   5. A   6. C   7. H   8. F

B. 1. dormir   2. nager   3. regarder la télé   4. étudier   5. faire du vélo   6. jouer aux jeux vidéo   7. écouter de la musique

Structure

A. 1. A   2. A, C   3. B   4. C

B. 1. A   2. B

C. 1. A   2. C

D. 1. aimons beaucoup   2. n'étudie pas   3. écoutez un peu   4. nagent bien

E. 1. préfère   2. préférons   3. préférez   4. préfèrent

Proficiency Writing

A. *Answers will vary.*

B. 1–5 *Answers will vary.*

Speaking Prep

A. 1. C   2. A   3. B   4. D   5. E

Speaking

A. *Answers will vary.*

Questions for teacher-directed interview:

    1. Quels sports est-ce que tu aimes?

    2. Quels sports est-ce que tu n'aimes pas?

    3. Quels sont tes activités préférées le weekend?

    4. Qu'est-ce que tu fais le dimanche soir?

    5. Quand il fait mauvais, qu'est-ce que tu fais?

B. *Answers will vary.*

Listening Comprehension

A. Père: Dis Juliette, qu'est-ce que tu fais lundi soir? C'est le soir de ton concert?

Juliette: Non, le concert, c'est mercredi. Lundi, je fais du footing avec Sophie.

Père: Ah! Tu voudrais aller au centre commercial avec moi mardi soir? Je voudrais faire du shopping.

Juliette: Oui, je veux bien. Dis, papa, je peux inviter mes amis à la maison vendredi soir? On voudrait regarder les Jeux Olympiques à la télé.

Père: Oui, oui. Et dimanche, on mange une pizza au Café Rome?

Juliette: Oui, génial! J'aime beaucoup les pizzas du Café Rome!

Père: Et jeudi, qu'est-ce que tu fais?

Juliette: J'étudie. J'ai beaucoup de devoirs de maths... Ah! Je voudrais aller à la fête de Karine ce soir. Je peux?

Père: Euh... on est samedi.... Tu n'as pas de devoirs.... Oui, je veux bien.

    1. E   2. A   3. D   4. F   5. C   6. G   7. B

B. —Quel est le numéro de téléphone du Professeur Marchais?

    —C'est le 04.20.12.07.17.

    —Comment? 04.20....

    —04.20.12.07.17.

    —Ah! 04.20.12.07.17, n'est-ce pas?

    —Oui, oui, 04.20.12.07.17.

    1. 20   2. 07   3. 17

Reading

A. 1. T   2. F; It is on a Saturday.   3. T

    4. F; It is held at the home of Kenya Burima. / It is held at someone's home.   5. T

B. 1. birthday

    2. chocolate cake

    3. listen to some music, dance, play sports and games

    4. call or text to RSVP

    5. *Answers will vary.*

Culture

A. 1. D   2. H   3. A   4. E   5. C   6. B   7. G

B. *Answers will vary.*

Unité 3 Test

Vocabulary

A. 1. C   2. C   3. A   4. B   5. A

B. 1. vingt-huit, trente-six

    2. soixante-dix, quatre-vingts

    3. quarante et un, quarante-quatre

    4. cent, quatre-vingt-dix

    5. quatre-vingt-neuf, cinquante-neuf

C. 1. T   2. T   3. F; Il y a un stylo et un crayon devant le sac à dos.

    4. F; Il y a un livre, une feuille de papier, et un ordinateur.   5. F; Le cédérom est sur le cahier.

Structure

A. 1. A   2. C   3. B   4. C

B. 1. E   2. A   3. B   4. D   5. F   6. C

C. 1. six heures et demie, dix-huit heures trente

    2. midi

    3. trois heures et quart, quinze heures quinze

    4. cinq heures moins le quart, seize heures quarante-cinq

D. 1. des, bleues

    2. une, intelligente

    3. un, tahitien

    4. Les, délicieuses

E. 1. Pourquoi est-ce que

    2. Quand est-ce que

Proficiency Writing

A. *Answers will vary.*

B. 1–3 *Answers will vary.*

Speaking Prep

A. 1. D   2. C   3. A   4. E   5. B

Speaking

A. 1. Elle a cours de musique le mardi à deux heures et quart.

    2. Ils vont au labo pour faire les devoirs d'informatique.

    3. Elle fait ses devoirs à la médiathèque.

    4. Elle va à la piscine avec sa mère à trois heures et demie.

    5. Elle étudie les maths et l'allemand.

Questions for teacher-directed interview:

    1. Quand (quel jour et à quelle heure) est-ce que Coralie a cours de musique?

    2. Où est-ce que Coralie et ses camarades vont le mercredi à midi? Pourquoi?

    3. Qu'est-ce que Coralie fait le vendredi matin? Où?

    4. Avec qui est-ce que Coralie va à la piscine le mercredi après-midi? À quelle heure?

    5. Qu'est-ce que Coralie étudie le jeudi matin?

B. *Answers will vary.*

Listening Comprehension

A. Larissa: Tien, salut, Gilles. Ça va?

    Gilles: Oui, très bien. Et toi?

    Larissa: Comme ci, comme ça.... Je n'aime pas tellement le mardi.

    Gilles: Pourquoi?

    Larissa: Parce que le matin, j'ai chimie à huit heures et physique à neuf heures et demie et je n'aime pas les sciences!

    Gilles: Moi, j'aime beaucoup les sciences parce que c'est intéressant! Et l'après-midi, qu'est-ce que tu as comme matières?

    Larissa: L'après-midi, j'ai EPS à deux heures et quart... Et je n'aime pas le sport!

    Gilles: Alors, tu n'aimes rien?

    Larissa: Si, j'aime beaucoup les arts plastiques, l'histoire, et les langues.

    Gilles: Ah bon! Dis, qu'est-ce que tu fais à midi? Tu voudrais aller au café avec moi?

    Larissa: Euh... Je ne peux pas. On se retrouve en ville à quatre heures et demie?

    Gilles: D'accord. Où?

    Larissa: Au magasin Gibert? J'ai besoin d'acheter une trousse et des cahiers.

    Gilles: D'accord!

    1. chimie, physique   2 le mardi, deux heures et quart   3. les arts plastiques, les langues
    4. quatre heures, demie   5. une trousse, cahiers

B. —Bonjour, madame.

    —Bonjour.

    —Est-ce que vous avez des trousses bleues?

    —Oui, oui, elles sont sur la table.

    —Ah! Une trousse bleue.... Douze euros trente? Elles sont un peu chères.... Et je voudrais des crayons et des stylos.

    —Les crayons et les stylos sont derrière les trousses.

    —Et un taille-crayon. Et je prends trois cédéroms et un cahier.

    —Une trousse... trois cédéroms, un cahier, des crayons, des stylos, un taille-crayon... trente-six euros quatre-vingts.

    1. B

Reading

A.   1. B   2. A   3. C   4. A   5. A   6. B

B.   *Answers will vary.*

Culture

A.   1. B   2. A   3. C   4. B   5. A   6. C   7. C

B.   1. F   2. T   3. T

Unité 4 Test

Vocabulary

A. 1. C; *Answers will vary.* <u>Possible answer:</u> l'addition

    2. A; *Answers will vary.* <u>Possible answer:</u> musical

    3. B; *Answers will vary.* <u>Possible answer:</u> un sandwich

    4. A; *Answers will vary.* <u>Possible answer:</u> un blason

    5. C; *Answers will vary.* <u>Possible answer:</u> un footballeur

B. 1. cent trente-cinq

    2. huit cents

    3. six cent cinquante

    4. quatre cent quatre

C. 1. A   2. E   3. F   4. B   5. G   6. D

Structure

A. 1. A   2. C   3. B   4. C

B. 1. prenons   2. ai soif   3. a besoin d'   4. vois   5. ont faim   6. voyez   7. prennent

    8. avez besoin de   9. comprenez

C. 1. Va-t-elle   2. Avez-vous besoin

D. 1. A

E. 1. va aller   2. allons porter   3. vont marquer   4. allez attendre

Proficiency Writing

A–B *Answers will vary.*

Speaking Prep

A. 1. A   2. C   3. B   4. A   5. B

Speaking

A. *Answers will vary.*

Questions for teacher-directed interview:

    1. Bonjour. Bienvenue au Café des Champs. Vous voulez la carte?

    2. Qu'est-ce que vous désirez comme boisson?

    3. Et vous avez faim? Un croque-monsieur peut-être? C'est la spécialité du jour, si vous voulez...
       4 euros.

    4. Vous voulez un dessert?

    5. Je vous donne l'addition?

B. *Answers will vary.*

Listening Comprehension

A. 1. —On va soutenir l'équipe de Koffi au stade samedi. Et vous, vous allez au match?

      —Oui, oui, on se retrouve devant le stade à deux heures?

      —D'accord!   **B**

    2. —Bonjour, mademoiselle. Je cherche un blouson.

      —Voici des blousons en solde, si vous voulez. Deux cent trente euros.

      —Je vais prendre le blouson bleu.   **E**

    3. —On va voir le policier?

      —Non, je n'aime pas tellement les films policiers. La comédie romantique, peut—être?

      —Si tu veux... La séance est à six heures et demie. On se retrouve au guichet à six heures et quart?

      —D'accord! Et c'est moi qui prends les tickets!   **F**

4. Donc, un croque-monsieur, un steak-frites, une pizza, deux cafés, une eau minérale et un café... Trente-huit euros, monsieur.   **A**

5. —Où est-ce qu'on se retrouve, Sylvain?
   —Au métro?
   —D'accord, devant la bouche de métro à deux heures.   **D**

B. —Bonjour.
—Bonjour. Qu'est-ce que vous prenez?
—Quelle est la spécialité du jour?
—Le steak-frites, pour 8 euros.
—Euh... non, je voudrais des frites mais je n'aime pas le steak. Alors, des frites et un sandwich au jambon pour moi.
—Et vous?
—Vous avez des crêpes?
—Ah non, nous n'avons pas de crêpes.
—Bon... Donnez-moi une glace à la vanille et une eau minérale, s'il vous plaît.
—Bien, monsieur.

1. B

Reading
A. 1. F; He is not happy; he thinks it's cold and he doesn't think people there are interesting.

2. T

3. T

4. F; Bienvenue chez les Ch'tis is a comedy.

5. F; You could only see Le fabuleux destin d'Amélie Poulain.

6. F; They liked Bienvenue chez les Ch'tis more.

7. T

B. *Answers will vary.*

Culture
A. 1. T

2. F; They are the equivalent of the Academy Awards and are awarded in February.

3. F; *Bienvenue chez les Ch'tis* is the most popular French movie of all time.

4. T

B. *Answers will vary.*

C. 1. B   2. A

D. *Second part of answers will vary.*

Yes. <u>Two of the following</u>: it's advertised as being the number 1 traditional French fast food restaurant; 5,000 employees serve over 20 million sandwiches a year to more than 200,000 customers; the chain has 489 restaurants; 60% of the clients are regulars.

Unité 5 Test
Vocabulary
A. 1. A   2. H   3. I   4. E   5. D   6. F   7. C   8. B

B. 1. B   2. B   3. B   4. C

C. 1. diligente   2. méchante   3. égoïste

Structure
A. 1. A   2. B   3. B   4. A   5. C   6. B   7. B   8. A   9. B   10. A

B. 1. Il est   2. C'est   3. Elle est

C. 1. leurs 2. sa 3. ses

D. 1. de 2. des 3. de la 4. du

Proficiency Writing

A–B *Answers will vary.*

Speaking Prep

A. 1. B 2. C 3. E 4. D 5. A

Speaking

A. *Answers will vary.*

Questions for teacher-directed interview:

    1. C'est quand, ton anniversaire?

    2. Quels mois est-ce que tu aimes? Pourquoi?

    3. Quels mois est-ce que tu n'aimes pas? Pourquoi?

    4. Qu'est-ce que tu fais en août?

    5. Qu'est-ce que tu aimes faire en décembre?

B. *Answers will vary.*

Listening Comprehension

A. 1. Les enfants aiment beaucoup le 31 octobre! **B**

    2. Mes oncles et mes tantes sont généreux avec mes cousins le 25 décembre. **F**

    3. Nous allons voir nos cousins aux États-Unis le 4 juillet! **E**

    4. Mon père offre un cadeau à ma belle-mère le 14 février. **A**

    5. L'anniversaire de mon demi-frère est le premier mars. **C**

B. Dans ma famille, nous sommes cinq. Mon père est grand et il a les cheveux roux. Il est compositeur. Ma mère a 39 ans. Elle est médecin. Elle est grande et elle est blonde. Moi, j'ai les cheveux bruns et les yeux noirs. J'ai un frère et une sœur. Mon frère est petit et blond. Il ressemble à ma mère. Il a les yeux gris. Il est paresseux! Ma sœur a 18 ans. Elle aime chanter et elle est passionnée de musique. Elle voudrait devenir chanteuse! Cette année, nous sommes au Cameroun parce que ma mère travaille là-bas. Donc, je connais bien l'Afrique et j'aime beaucoup. Super, non?

    1. Y 2. N; à sa mère 3. Y 4. Y 5. N; paresseux

Reading

A. 1. T 2. T 3. F; deux sœurs et trois frères 4. F; elles sont paresseuses

    5. F; elles sont jalouses 6. T 7. T

B. *Answers will vary.*

Culture

A. 1. C 2. C 3. A 4. C 5. A 6. A

B. 1. N 2. Y 3. N 4. N

Unité 6 Test

Vocabulary

A. 1. A 2. B 3. C 4. B 5. B 6. C

B. 1. *Answers may vary.* <u>Possible answer:</u> un maillot de bain

    2. *Answers may vary.* <u>Possible answer:</u> une robe

    3. *Answers may vary.* <u>Possible answer:</u> un manteau

    4. *Answers may vary.* <u>Possible answer:</u> un tee-shirt

C. 1. B 2. D 3. A 4. C 5. E

Structure

A. 1. A 2. A 3. B 4. A 5. C 6. A

B. 1. B   2. C   3. C   4. A

C. 1. de la   2. de   3. des   4. du

D. 1. A   2. F   3. D   4. E   5. B   6. G

Proficiency Writing

A–B *Answers will vary.*

Speaking Prep

A. 1. C   2. A   3. D   4. B   5. E

Speaking

A. *Answers will vary.*

Questions for teacher-directed interview:

    1. Bonjour. Je peux vous aider?

    2. De quelle couleur, le tee-shirt?

    3. Quelle taille faites-vous?

    4. Vous voulez essayer le jean?

    5. C'est joli. Vous aimez?

B. *Answers will vary.*

Listening Comprehension

A.   —Bonjour, monsieur.

    —Bonjour, madame. Je peux vous aider?

    —Oui, je voudrais un morceau de pâté.

    —Combien, 500 grammes?

    —Non, non, c'est trop. 250 grammes, s'il vous plaît.

    —Et avec ça?

    —Donnez-moi aussi six tranches de jambon. C'est combien, le kilo?

    —Dix euros cinquante. C'est tout?

    —Oui, monsieur, merci.

    —Au revoir.

    1. F; Elle est à la charcuterie.   2. F; Elle achète 250 grammes de pâté.

    3. F; Elle achète six tranches de jambon.   4. T   5. F; Elle n'achète pas de saucisson.

B.   Alors... un jean, trois tee-shirts... mes baskets noires, ma chemise blanche. Mon chapeau? Oui, il va faire chaud, j'ai besoin d'un chapeau. Une jupe? Oui, une jupe pour sortir le soir. Est-ce que je prends ces bottes? Non, pas de bottes en juillet! Ah! Et mon maillot de bain! Tiens, je vais aussi prendre un pull pour le soir.

    1. A

Reading

A. 1. B   2. E   3. C   4. A   5. D   6. F

B. 1–2 *Answers will vary.*

Culture

A. 1. *Answers will vary.* <u>Possible answer:</u> **beurre, Roquefort**

    2. **boulangerie**

    3. **kilogramme**

B. 1. D   2. F   3. H   4. A   5. E   6. C   7. B

Unité 7 Test

Vocabulary

A. 1. T 2. T 3. F; Elle est à côté de la chambre. 4. F; Il y a un canapé et deux fauteuils.

B. 1. C 2. D 3. B 4. A 5. D 6. A

C. 1. étage 2. en rondelles 3. un couteau 4. à droite 5. baignoire

Structure

A. 1. A 2. B 3. B 4. A 5. C 6. A

B. 1. dois 2. mets 3. pouvons 4. mettent 5. devez 6. mets 7. peux 8. doivent 9. mettons 10. peuvent

C. 1. plus fort que 2. plus petites que 3. aussi grande que 4. moins faciles que

Proficiency Writing

A–B *Answers will vary.*

Speaking Prep

A. 1. A 2. A 3. B, C 4. A, B, C 5. A, B

Speaking

A. *Answers will vary.*

Questions for teacher-directed interview:

> 1. Bonjour. Vous préférez une maison ou un appartement dans un immeuble?
>
> 2. Vous avez besoin de combien de chambres?
>
> 3. Et vous voulez combien de salles de bains?
>
> 4. Qu'est-ce que la maison ou l'appartement doit aussi avoir?
>
> 5. Est-ce que vous voulez une maison ou un appartement avec des meubles? Si oui, quels meubles?

B. *Answers will vary.*

Listening Comprehension

A. Voici mon immeuble. Il est à 12 rue Victor Hugo. Moi, j'habite au troisième étage, à côté de Mademoiselle Martin. Au-dessus de nous, il y a l'appartement de Monsieur Jourdan, au quatrième. Mon ami Camille habite avec sa mère au cinquième étage. Au deuxième étage, c'est l'appartement de la famille d'Amadou. Il habite avec son père, sa mère et ses deux frères. Ils sont du Mali. Et le professeur qui habite au premier étage s'appelle Monsieur Nguyen. Et au rez-de-chaussée? Personne n'habite au rez-de-chaussée. Il y a une épicerie.

1. E 2. F 3. D 4. B 5. C

B. 1. Allô, bonjour, j'appelle pour l'ordinateur avec le clavier et la souris. Est-ce que vous avez aussi une imprimante? Merci! Je suis au 06.13.45.63.24 et je m'appelle Alice Dumont. **A**

2. Bonjour, j'appelle pour le canapé à vendre. Pouvez-vous me dire combien il coûte? Mon numéro est le 04.12.35.67.98. **B**

3. Bonjour. J'ai des questions sur l'appartement à Nice. À quel étage est-il? Est-ce qu'il y a des meubles? Je suis au 04.35.67.09.12. **C**

4. Bonjour, je voudrais acheter les tasses, les assiettes, et les bols blancs et bleus. Appelez-moi au 06.43.56.78.10. Merci! **B**

5. Bonjour, je cherche un appartement avec deux chambres et une salle de bains avec baignoire, et votre appartement a l'air intéressant. Pouvez-vous me téléphoner au 06.78.22.30.14? Merci. **C**

Reading

A. 1. Y 2. Y 3. N 4. N 5. Y

B. 1. *Answers will vary.*

2. la salle de séjour, un couloir, deux chambres, la salle de bains

deux lits, un bureau, une armoire, deux fauteuils, une table, un ordinateur

Culture
A. 1. A 2. A, C 3. B 4. A, B, C 5. A, B, C 6. B 7. A

B. 1. T 2. T 3. F; 88% of people between the ages of 18 and 24 own a mobile phone.

Unité 8 Test
Vocabulary
A. 1. A 2. B 3. A 4. C 5. A

B. 1. hier soir 2. Aujourd'hui 3. mercredi dernier 4. hier matin 5. la semaine dernière

C. 1. *Answers will vary.* <u>Possible answer:</u> Vous avez envie d'aller au musée?

2. *Answers will vary.* <u>Possible answer:</u> On fait une promenade en ville pour voir les monuments?

3. *Answers will vary.* <u>Possible answer:</u> Est-ce que vous avez envie d'aller prendre des millefeuilles et des religieuses au café?

4. *Answers will vary.* <u>Possible answer:</u> Vous voulez acheter des souvenirs dans les magasins?

5. *Answers will vary.* <u>Possible answer:</u> Tu veux retourner à l'hôtel?

Structure
A. 1. A 2. A 3. C 4. B 5. B

B. 1. a envie d' 2. font du footing 3. avez chaud 4. as faim 5. fait les courses

C. 1. ont déjà offert 2. sont vite retournées 3. a beaucoup plu 4. avez assez mangé 5. sommes peu sortis
6. n'ont pas voulu 7. est-elle déjà revenue 8. n'as pas eu chaud 9. n'ai pas fini 10. est peu allée

Proficiency Writing
A–B *Answers will vary.*

Speaking Prep
A. 1. A 2. B 3. A 4. A 5. B

Speaking
A. *Answers will vary.*

Questions for teacher-directed interview:

1. Quand est-ce que vous êtes allés en weekend?

2. Où est-ce que vous êtes allés?

3. Il a fait quel temps?

4. Qu'est-ce que vous avez fait samedi? Et dimanche?

5. Ça a été un bon weekend? Pourquoi ou pourquoi pas?

B. *Answers will vary.*

Listening Comprehension
A. Aujourd'hui, du beau temps sur Paris, la capitale avec du soleil et des températures de 20 degrés. À Lille, il pleut et il fait froid pour la saison: 8 degrés au printemps... assez désagréable... À Lyon, temps frais pour la journée. Marseille: chaud, très chaud! On va pouvoir profiter des terrasses de café aujourd'hui! Bonne journée et à demain!

1. Y 2. N 3. Y 4. N 5. Y

B. —Pardon, madame? Je cherche la Banque Nationale... Elle est sur l'avenue Martin, non?

—Non, mademoiselle, la poste est sur l'avenue Martin. La Banque Nationale est sur la place de la Gare, à droite de la gare, à côté de l'hôtel de ville. Mais... Il faut prendre le métro, mademoiselle.

—Ah? Euh....

—La bouche de métro est là, à côté du pont.

—Ah oui....

—Hmm.... J'ai besoin d'un guide touristique.

—Il y a un petit magasin de souvenirs à gauche de la bouche de métro. Et si vous avez faim, la pâtisserie du coin de la rue fait des éclairs délicieux!

—Ah! Bonne idée! Merci, madame. Au revoir.

1. A, C   2. B   3. A, B   4. B, C   5. A, B

Reading

A. 1. It's cold; it's almost winter.

2. His upcoming trip to Haute-Savoie during the Christmas holiday.

3. They are good friends; they are in the same class; they are both 15 years old; they enjoy playing sports together.

4. People on their way to work or school: office workers, salespersons, students.

5. He is going to school.

6. In the morning at 7:30 am and in the afternoon at 5:15 pm.

7. He eats at school because his mother works, and she doesn't have time to prepare lunch.

8. He reads the notices and the ads that are on the walls, and he observes people.

9. He knows the elegant red-headed woman because she lives in his building, and he knows the young man with brown hair because he often takes this subway as well.

10. Yes, he says he never gets bored, and it's amusing.

Culture

A. 1. B   2. E   3. D   4. A   5. C

B. 1. B   2. C   3. A   4. B   5. A

Unité 9 Test

Vocabulary

A. 1. A   2. F   3. E   4. B   5. D

B. 1. A   2. D   3. D   4. B   5. C

C. 1. T   2. F; Ils ont installé des panneaux solaires.

3. T   4. T   5. F; Madame Jussieu fait une cure cette semaine.

Structure

A. 1. A   2. B   3. B   4. B

B. 1. Il faut   2. il faut   3. il ne faut pas   4. Il faut

C. 1. C   2. A   3. A   4. B   5. A   6. A

D. 1. achetons   2. Recyclez   3. fais   4. ne circulez pas   5. Installons   6. n'imprime pas

Proficiency Writing

A–B *Answers will vary.*

Speaking Prep

A. 1. B   2. C   3. A   4. A   5. C

Speaking

A. *Answers will vary.*

Questions for teacher-directed interview:

1. Quels sont les problèmes de l'environnement aujourd'hui?

2. Qui sont les gros pollueurs, à ton avis?

3. Quels sont les animaux en voie de disparition?

4. Qu'est-ce que les États-Unis peuvent faire pour s'engager pour la protection de la planète, à ton avis?

5. Et tes amis et toi, qu'est-ce que vous faites pour sauvegarder l'environnement?

B. *Answers will vary.*

Listening Comprehension

A. Bonjour, mes amis! Je suis venue pour vous parler de la protection des animaux en voie de disparition. Beaucoup d'ours polaires sont morts les mois derniers. Il faut faire ce qu'on peut pour sauvegarder ces beaux animaux. Je pense aussi que nous devons recycler et que les usines doivent s'arrêter de polluer. Je vous conseille aussi de circuler à vélo quand vous pouvez. Ou bien, achetez une voiture hybride. Travaillons pour la sauvegarde de notre planète!

    B, C, E, F, G

B. Simon: Salut, Anne-Sophie. Ça va? Tu as bonne mine!

    Anne-Sophie: Oui, très bien. Je fais un nouveau cours de step. C'est chouette! J'aime beaucoup! Et je vais au marché le jeudi matin pour acheter des légumes et des fruits biologiques bien frais. Ils sont délicieux! Et toi, Simon, tu vas bien?

    Simon: Oh... j'ai eu la grippe la semaine dernière. J'ai eu des frissons, j'ai eu de la fièvre, j'ai eu mal à la tête et au dos....

    Anne-Sophie: Oh là là! Ce n'est pas la forme alors! Viens avec moi au marché! Et je te fais une bonne soupe avec des légumes biologiques à midi.

    Simon: Bonne idée!

1. He thinks she looks healthy.

2. She started a new step class she really enjoys.

3. She goes to the market to buy organic produce.

4. He had the flu; he had chills, a fever, a headache, and a backache.

5. She asks him to go to the market with her, and then she'll make him a good soup prepared with organic vegetables for lunch.

Reading

A. 1. F; Nicolas was not feeling good.   2.F; He recommends rest and a strict diet.

    3. T   4. T   5. F; He grabs all kinds of foods from the refrigerator.

    6. T   7. T

B. *Answers will vary.*

Culture

A. 1. B   2. C   3. A   4. A   5. B   6. C

B. *Answers will vary.*

Unité 10 Test

Vocabulary

A. 1. T   2. F; L'Allemagne est à l'est de la Belgique.

    3. F; Monaco est dans le sud de l'Europe.   4. T   5. T

B. 1. A   2. B   3. A   4. B   5. A

C. 1. anglais

    2. montagnes

    3. espagnole

    4. le tableau des arrivées et des départs

    5. italienne

Structure

A. 1. A   2. B   3. A

B. 1. le plus grand   2. les plus petites   3. les plus sportifs   4. les plus fatiguées

C. 1. ne fais jamais   2. n'ai rien acheté   3. n'ai retrouvé personne   4. ne prends plus

D. 1. A   2. B   3. B   4. A   5. C

E. 1. en   2. à   3. aux   4. au

Proficiency Writing

A–B *Answers will vary.*

Speaking Prep

A. 1. C   2. A   3. E   4. B   5. D

Speaking

A. *Answers will vary.*

Questions for teacher-directed interview:

    1. Bonjour. Vous voulez visiter quel pays?

    2. Qu'est-ce que vous préférez comme voyage? Un voyage en ville, à la campagne ou à la montagne?

    3. Et dans le pays, comment voulez-vous voyager? En train? En autobus? En voiture?

    4. Quelles activités avez-vous envie de faire?

    5. Et qu'est-ce que vous avez envie de visiter?

B. *Answers will vary.*

Listening Comprehension

A. 1. Il a fait du soleil et mon mari et moi, nous avons bien profité de ce beau temps. Nous avons fait des promenades dans la forêt et nous avons nagé dans la rivière.   **D**

    2. Monsieur, le contrôleur, je n'ai pas composté mon billet sur le quai parce que je me suis perdu et je n'ai jamais trouvé le composteur. **B**

    3. Je ne trouve pas la place des Vosges sur ce plan. Est-ce que vous pouvez m'indiquer le chemin, s'il vous plaît?   **E**

    4. Tu sais, j'ai passé une semaine très intéressante à Berne et dans le train entre Paris et Berne, j'ai fait la connaissance de quelqu'un dans le wagon-restaurant... une voyageuse francanadienne de Québec! Elle s'appelle Ludivine et elle est très jolie!   **F**

    5. Moi, ma passion, c'est l'histoire. Quand je fais un voyage, je visite toujours les monuments de la région. L'année dernière, j'ai visité le plus beau château de la vallée de la Loire.   **A**

B. Salut! Je m'appelle Leticia. Je suis espagnole, de Madrid, mais maintenant j'habite à Rimouski dans la province du Québec, au Canada. J'aime beaucoup le Québec parce que c'est la région la plus intéressante du Canada! Rimouski se trouve près du fleuve Saint-Laurent, au nord-est de la ville de Québec. C'est très beau. Ma famille a un restaurant en ville, en face de la gare. C'est le meilleur restaurant espagnol de Rimouski! Est-ce que tu as envie de visiter Rimouski?

    1. Sa famille vient d'Espagne.

    2. Rimouski se trouve près du fleuve Saint-Laurent, au nord-est de la ville de Québec.

    3. Elle aime cette province parce que c'est la région la plus intéressante du Canada.

    4. Il se trouve en ville, en face de la gare.

    5. Oui, parce que c'est le meilleur restaurant espagnol de la ville.

Reading

A. 1. A, C   2. A, B, C   3. A, B   4. A, B   5. A, B   6. B

B. 1. Two of the following: she thinks Caroline is too young to travel alone; she thinks Caroline is too young to work in a hotel; she always worries about Caroline; despite Caroline being almost eighteen years old, she still sees her as a child.

2. *Answers may vary.* <u>Possible answer:</u> Caroline is more like her uncle; like him, she wants to work for a big hotel; she knows how to speak several languages and her uncle probably does too due to his travels around the world; she seems fairly adventurous and outgoing, like her uncle.

Culture

A. 1. A, B, C   2. A, C   3. A   4. A, C   5. C   6. A, B

B. 1. Because several women are associated with its contruction, embellishment, and preservation.

2. The **château** is on the Cher river in the **Val de Loire**, in Touraine; it is 214 kilometers southwest of Paris and 34 kilometers east of the city of Tours.

C. 1. They can take the train at the **Gare Montparnasse** in Paris; they'll need to get off the train at the **Gare Saint-Pierre-des-Corps** in Tours and take another train from Tours to the **Gare de Chenonceaux**; the trip will take one hour and twenty five minutes total.

2. *Answers will vary.*

Proficiency Test 1

Speaking

1–2 *Answers will vary.*

Writing

1–2 *Answers will vary.*

Listening Comprehension

A. Mercredi, je vais aller à l'école. J'ai maths à huit heures trente et anglais à dix heures. À midi, je vais retrouver ma mère au café et nous allons prendre une salade ou un sandwich. Ensuite, on va aller au magasin Gibert pour acheter un nouveau sac à dos pour l'école. L'après-midi, je vais aller chez ma copine Karima et on va faire du vélo. À cinq heures, je vais rentrer à la maison et je vais faire mes devoirs de chimie. J'ai un examen jeudi! Le soir, ma famille et moi, nous allons regarder un documentaire sur l'Afrique à la télé.

1. F   2. A   3. D   4. C   5. E

B. 1. Pour moi, je choisis une salade, une eau minérale et une glace à la vanille, s'il vous plaît.   **C**

2. Samedi, je vais retrouver mon ami Noah à dix heures et on va aller faire du vélo au parc. L'après-midi, on va faire du roller en ville et à huit heures, on va aller à la fête d'un copain.   **B**

3. On se retrouve devant le cinéma, non? À quelle heure? Six heures et quart, ça va?   **A**

4. Dans ma famille, nous sommes cinq: mon père, Yves, ma mère, Nathalie et mes deux frères, Simon et Nathan. Et il y a aussi ma grand-mère. Elle habite avec nous.   **A**

5. Moi, je voudrais être médecin. À l'école, mes cours préférés sont les maths et les sciences: la biologie et la chimie. J'adore et c'est facile pour moi!   **C**

Culture

A–B *Answers will vary.*

Reading

A. 1. a school schedule

2. three; mandatory classes ("common" and specific)

3. French, history-geography, languages, physical education, math, sciences, economy, social sciences

4. personnalisé, personnels (to personalize); independent studies and projects

5. a liberal arts degree; the focus of this **bac première L** is on liberal arts and humanities

B. *Answers will vary.*

Proficiency Test 2

Speaking

1–2 *Answers will vary.*

Writing

1–2 *Answers will vary.*

Listening Comprehension

A. 1. Pierre: J'ai voulu aller faire du shopping en ville mais je me suis perdu, alors j'ai demandé le chemin.   **B**

2. Pierre: Il y a un grand marché à Fort-de-France le samedi matin, alors mes amis et moi, nous sommes allés acheter des fruits et des légumes biologiques pour préparer un bon dîner.   **A**

3. Pierre: Mes amis habitent une belle maison à un étage à deux minutes de la ville. Elle a un salon, une nouvelle cuisine, une salle à manger, deux jolies chambres et deux salles de bains.   **E**

4. Pierre: La semaine dernière, j'ai été fatigué et un peu malade et j'ai dû aller voir le médecin.   **D**

5. Pierre: Mes amis font beaucoup pour protéger l'environnement. Ils circulent en voiture électrique et ils recyclent.   **F**

B. 1. Le Musée de la Civilisation est entre la rue de la Barricade et la rue Saint-Antoine.   **T**

2. Le Château Frontenac est au nord de la place d'Armes.   **F; au sud de la place d'Armes**

3. Pour aller de la Basilique Notre-Dame-de-Québec à la place d'Armes, allez tout droit dans la rue du Fort et la place est sur votre droite.   **T**

4. Pour aller à la poste de la rue de la Barricade, tournez à droite dans la rue Saint-Pierre.   **F; tournez à gauche dans la rue Saint-Pierre**

5. La place de l'Hôtel-de-Ville est au sud-est de la place d'Armes.   **F; au nord-ouest**

Culture

A–B *Answers will vary.*

Reading

A. 1. advice for a healthy diet

2. four; breakfast, lunch, afternoon snack, dinner

3. whole grains, a fruit or fruit juice, a type of dairy product, a beverage

4. three; cold vegetables/salad (appetizer); fish/meat with vegetables or pasta (main course); dairy product/fruit (dessert)

5. Any two: have a diet soda, water, or fruit juice; get a salad rather than fries; pick ketchup, mustard, or BBQ sauce over mayonnaise; order some fruit for dessert

6. it's a lighter meal

B. *Answers will vary.*